Benedict Zuckermann

Über talmudische Münzen und Gewichte

Benedict Zuckermann

Über talmudische Münzen und Gewichte

ISBN/EAN: 9783741104374

Hergestellt in Europa, USA, Kanada, Australien, Japan

Cover: Foto ©ninafisch / pixelio.de

Manufactured and distributed by brebook publishing software
(www.brebook.com)

Benedict Zuckermann

Über talmudische Münzen und Gewichte

Unter den verschiedenen Hilfsmitteln zur Beurtheilung des geschichtlichen Lebens der Völker nehmen die numismatischen und metrologischen Verhältnisse darum eine so hervorragende Stelle ein, weil sie uns in die innere Gestaltung des Weltverkehrs einführen. Durch die festgestellten Begriffe dieser Elemente der Quantität alles Gewogenen, Gezählten und Gemessenen erhalten die Gegenstände unserer Umgebung in unserem Vorstellungskreise einen neuen Gehalt, ohne welchen die Objecte in uns nur die einseitige Anschauung der Qualität hervorrufen; mit ihm hingegen haben wir die Gegenstände in ihrer Totalität erfasst. Die wissenschaftliche Geschichtsforschung legt daher mit Recht auf Numismatik und Metrologie ein besonderes Gewicht, indem dadurch nicht nur das eigentliche Verkehrsleben erkannt, sondern auch statistisches Material gewonnen wird, um die internationalen Beziehungen der Völker in ihrer gegenseitigen Abhängigkeit zu ermitteln. Auch für das biblische Alterthum wurden die numismatischen und metrologischen Verhältnisse mit vieler Sorgfalt in nähere Erwägung gezogen, aber mehr in exegetischem als in historischem Interesse. Weniger eingehende Forschungen hat man der talmudischen Numismatik und Metrologie zugewendet, und doch haben auch diese ihre Bedeutung, ja man könnte fast sagen, sie verdienen für das allgemeine geschichtliche Interesse mehr Würdigung als die biblische, weil sie historische Verhältnisse berühren, welche mit den uns mehr bekannten Völkern des Alterthums in näherer Beziehung stehen. Der jüdische Stamm war nämlich nicht mit seinen letzten Kriegern, welche mit Aufopferung ihres Lebens die römische Tyrannei abwehren wollten, ausgestorben. Er überlebte vielmehr seinen Staat und bildete trotz so vieler Trümmer noch immer ein eigenes Gemeinwesen, machte auch noch eine Zeitlang eine eigene Nationalität aus und hielt lange an der Hoffnung fest, eine Restauration des Staates herbeizuführen. Erst der gehäufte Druck des bigotten und verrotteten byzantinischen Hofes mit seiner raffinirten Beamtenhierarchie war im Stande, das jüdische Gemeinwesen, wie es sich namentlich in Palästina Jahrhunderte lang behauptete, zu sprengen, und es in untereinander zusammenhanglose Gemeinden aufzulösen [1]). Während jener Zeit, vom Untergange

---

[1]) Vergl. Grätz, Geschichte der Juden, 4. Band, pag. 450 ff.

2

des jüdischen Staates, 70 der üblichen Zeitrechnung, bis zum Untergange des Patriarchats um 420, bildete das jüdische Palästina noch immer eine eigene religiöse, sociale und geschichtliche Politie, stand noch, wenn man so sagen darf, auf seinem alten Grunde, hatte noch seine eigene, wenn auch mit fremden Elementen gemischte Sprache, seine alten, vielleicht noch aus der biblischen Zeit stammenden, jedenfalls aber seinem ehemaligen Staatsleben erwachsenen Verhältnisse, war mit einem Worte ein in sich geschlossener Volksorganismus, der, wenn auch räumlich sehr beschränkt, ein die jüdische Zukunft befruchtendes Leben führte. Ein Niederschlag dieses Lebens seit dem Untergange des jüdischen Staates durch Titus ist die Mischna mit ihren verschiedenen Ausläufern. Diese talmudische Geschichtsperiode, wie man sie bezeichnen kann, blieb aber keineswegs in ihrer nationalen Ursprünglichkeit. Hatten sich schon während des Bestandes des jüdischen Staates griechische und römische Einflüsse in Sprache, täglichem Verkehr, Sitten und Denkweise geltend gemacht, so war dieses noch mehr der Fall, als die palästinensischen Juden eines politischen Mittelpunktes entbehrten und ihre Einheit nur ideal in dem Patriarchate und den Lehrhäusern zu behaupten vermochten. Wie sich daher griechische und römische Sprachelemente in das jüdisch-palästinensische Idiom nach und nach naturalisirten, ebenso und gleichzeitig bürgerten sich die realen Verhältnisse des griechischen und römischen Gewicht-, Münz- und Maass-Systems im Verkehr ein. Die Literatur dieser Zeitepoche (kurzweg Mischna und Talmud) reflectirt daher diese Mischung von Eigenem und Fremdem, von Ueberresten aus alter Zeit und neu hinzugekommenen Elementen. Diese Mischung hat aber nicht den mechanischen Charakter eines Aggregatzustandes, sondern besitzt ein chemisch geschichtlich so verarbeitet, dass es zuweilen dem kundigsten Forscher schwer wird, zu erkennen, was altjüdisch oder entlehnt Fremdes ist. Die talmudische Numismatik und Metrologie hat aber nicht blos ein speciell jüdisches Interesse zur Kenntniss der damaligen historischen Verhältnisse, sondern auch ein allgemeineres, indem dadurch jenes geschichtliche Postulat offen zur Erscheinung kommt, wie geschichtliche Factoren auf den sprödesten Stoff einwirken und ihn theilweise umwandeln. Denn mehr noch als die Germanen, Gallier und Briten empfanden die Juden eine unüberwindliche Antipathie gegen das Römerthum, welches ihr Heiligthum zerstört, ihre Nationalität geknickt hatte; dennoch nahmen sie die römischen Gewichte, Münz- und Maass-Bestimmungen nach und nach an und versetzten sie mit ihren eigenen. Wir sagten oben, dass die Mischna mit ihren Appendices die Hauptliteratur zur Kenntniss der talmudischen Numismatik und Metrologie bildet. Unter diesen Ausläufern der Mischna versteht man zunächst die Boraitas und die Tosifta, welche in gleicher Weise wie die Mischna und fast gleichzeitig mit ihr auf palästinensischem Boden entstanden sind. Auch der jerusalemische Talmud gehört dazu, ist nur eine Fortsetzung derselben und reflectirt besonders die geschichtlichen Verhältnisse des jüdischen Palästina des dritten und vierten Jahrhunderts. Aber auch der babylonische Talmud ist ein wesentliches Element zur Erforschung dieses wissenschaftlichen Objectes, denn wiewohl auf einem andern Boden entstanden und andere (persische und parthische) Einflüsse darstellend, hängt der babylonische Talmud doch innig mit der in Palästina ausgebildeten talmudischen Literatur zusammen. Er hat nämlich zu seiner Hauptaufgabe die Elemente der Mischna zu interpretiren und zieht bei dieser Gelegenheit Traditionen heran, welche die Gründer der babylonisch-jüdischen Lehrhäuser aus Palästina mitgebracht haben. Wanderungen von Palästinensern nach Babylon und von Babyloniern nach Palästina waren an der Tagesordnung. Als Constantius, der erste intolerante christliche Kaiser, die Juden in Palästina verfolgte, wanderten palästinensische Gesetzeslehrer nach Babylon aus. Umgekehrt sind die Beispiele zahlreich von Wanderungen babylonischer Jünger nach palästinensischen Lehrhäusern. Die Angaben des babylonischen Talmuds über die damals unter den Juden üblichen Gewichts-, Münz- und Maass-Verhältnisse sind daher umsomehr in den Kreis der Untersuchung zu ziehen, als derselbe eine viel reicher fliessende Quelle denn der jerusalemische Talmud ist. Das Ziel der folgenden Arbeit ist nun, das Gewicht- und Münz-System der mischnaitisch-talmudischen Zeit nach jetzt gangbaren Nominalen darzustellen, und das der biblischen, welches so vielfach schon behandelt worden ist, nur insofern zu berühren, als es zum näheren Verständnisse dieser Aufgabe nöthig ist. Denn die Talmude behandeln nicht selten dieses Material, um biblische Bezeichnungen und Werthe zu interpretiren, sie geben dann die Wandlungen an, welche diese Werthe im Laufe der Zeit erfahren haben. Insofern verhält sich der Talmud zur Bibel exegetisch, und die Untersuchung ist dann genöthigt, auf diese talmudisch-exegetischen Resultate einzugehen. Die heilige Schrift findet nämlich keine Veranlassung, genauere Definitionen über Numismatik und Metrologie zu geben, und selbst die oben genannten Werke enthalten keine wissenschaftlichen Abhandlungen über diese Disciplinen; sie entwickeln grösstentheils beiläufig gewisse numismatische und metrologische Relationen, wenn es sich darum handelt, biblische Verordnungen, worin Gewicht, Münze oder Maass erwähnt oder angedeutet werden, näher zu bestimmen und ihre Anwendung für veränderte Zustände festzusetzen. Diese Entwickelungen stellen die Werthe biblischer Gewichts-, Münz- und Maass-Nominale durch jene dar, welche in der talmudischen Zeit gangbar waren. Die gegenseitige Abhängigkeit dieser verschiedenen Werthzeichen untereinander und ihr Zusammenhang mit denen der biblischen sind für uns nicht immer in klaren Worten ausgesprochen, und selbst die sich darbietende Vergleichung mit griechischen und römischen Gewichten, Münzen und Maassen reicht nicht aus, um mit den jetzt gebräuchlichen Nominalen verglichen werden zu können, da jene im Laufe der Zeiten einer steten Veränderung unterworfen waren.

In den ersten Anfängen staatlicher Bildung fallen Gewicht und Münze zusammen, denn der Gebrauch des edlen Metalles als Tauschmittels in der patriarchalischen Zeit ist in mehreren Stellen der Bibel erwähnt, und das dabei am meisten gangbare Stück, der Schekel (שקל, σίκλος), deutet schon seinem Namen nach darauf hin, dass das Tauschmittel auch gewogen wurde. Da man nun das Gewicht auf die einzelnen Stücke anwendete, so war die Wage ihr Regulator; erst durch Vollgewicht erhielt das Einzelstück seinen eigentlichen Münzwerth. Das Korn der gemünzten Silberstücke späterer Zeit war der Art, dass keine grosse Differenz in der Güte des Silbers im Allgemeinen stattgefunden hat, und dies war auch ein Grund, dass die Werthe jener Silberstücke sich auf das Verhältniss ihrer Gewichte beschränkten[1]. Das Gewicht repräsentirte somit das Werthzeichen des Einzelstückes und gab den Werthmesser des eingetauschten Gegenstandes ab. Es ist daher ganz natürlich, dass die Namen der Gewichte theilweise auf das später gemünzte Geld übertragen worden, und dass jene Benennungen noch zu einer Zeit bestan-

---

[1] Boekh, Metrologische Untersuchungen über Gewichte, Münzfüsse und Maasse des Alterthums in ihrem Zusammenhange. Berlin 1838. Vorerinnerung pag. VII.

4

den, als bei grösserem Verkehr und geordneten Zuständen ein gesetzlicher Curs für das gemünzte Geld eingeführt wurde und das Wägen der einzelnen Stücke nicht mehr nöthig war. Wir haben nun für unsere Untersuchungen immer zu unterscheiden, in welchem Falle irgend ein Ausdruck Gewicht oder Münze bedeutet. Als Gewicht drückt er die Schwere des gewogenen Gegenstandes aus, als Münze hängt der eigentliche Werth des eingetauschten Gegenstandes nicht allein von dem Gewichte des betreffenden Münzstückes ab, sondern auch von seiner Legirung, von der gesetzlichen Bestimmung, wie dasselbe ausgemünzt werden sollte, und von dem Curse, der durch den geschäftlichen Verkehr in seinen mannigfaltigen Wechselfällen bedingt war. So erklärt der Talmud[1]) den Ausdruck לִיטְרָא בְּשַׂר, da er ihm als in der Bedeutung eines Pfundes Fleisch nicht passend genug ist, mit בְּלִישְׂרָא בְּשַׂר für eine Münze *litra* Fleisch. Da nun, der naturgemässen Entwikkelung der Münzverhältnisse folgend, die Kenntniss des Gewichts der der Münzen vorangeht, so wird hier mit den Untersuchungen über die Gewichte der Anfang gemacht, welchen die über Münzen und an einem anderen Orte über Maasse folgen werden.

I. Gewichte.

A. גֵּרָה Gera.

Im Talmud wird, auf die biblische Bezeichnung Bezug nehmend, als Gewichtseinheit das Gera angegeben. Wie bekannt, sind mannigfache Hypothesen über das biblische Gera aufgestellt worden; je nachdem dieses als Johannisbrodbohne, oder als Gerstenkorn, oder als ein Gewichtchen in Korn- oder Schrotform überhaupt angesehen wurde, hatte man ihm grösseres oder kleineres Gewicht beigelegt. Raba[2]) setzt das Gera einem Maah, dem vierundzwanzigsten Theil eines tyrischen Sela, gleich. Als Gewährsmann für diese Gleichung Gera = Maah wird daselbst der alte chaldäische Pentateuchübersetzer Onkelos zu 2 M. 30, 13 citirt, welcher zwanzig Gera durch zwanzig Maah wiedergiebt. Das biblische Gera wurde also in der nachbiblischen Zeit durch die gangbare Münze Maah näher bezeichnet. Dass Raba dieses Maah als tyrischen Obolus oder Maah ansieht, ist zweifellos, indem dort angeführt wird: sechs Silbermaah seien einem Denar gleich, also, da der Sela 4 Denare galt, so ist ein Sela 24 Silbermaah gleich, und diese letztere Gleichung fand bei der tyrischen Silbermünze Sela statt[3]). Eine weitere Werthung des Gewichtes dieses Maah findet im Talmud nicht statt, man kann sie jedoch aus den noch vorhandenen tyrischen Silberstücken bestimmen. Das schwerste vorgekommene tyrische Silberstück wiegt 14,34 Gramm = 0,8604 Neuloth, der vierundzwanzigste Theil hiervon = 0,5975 Gramm = 0,03585 Neuloth würde daher ein Maah[4]). Es wurde hier das schwerste vorhandene Silberstück der Rechnung zu Grunde gelegt, da man die Abnutzung der Stücke nicht kennt, und daher bei dem schwersten Stücke der dabei begangene Fehler am kleinsten ausfüllt. Ein etwas grösseres Gewicht des Gera, nämlich 0,68215 Gramm =

[1]) Kethuboth 67, b.
[2]) Bechoroth 50, a.
[3]) Boeckh a. a. O. pag. 59.
[4]) Ueber Neuloth ist zu merken: 1. Nach den preussischen Gesetzen v. 17. Mai 1856 u. 4. Mai 1857 über die Einführung eines allgemeinen Landesgewichtes, welche mit dem 1. Juli 1858 in Kraft getreten sind, hat das preuss. Neupfund die Schwere

0,040929 Neuloth erhält man, wenn das vom jerusalemischen Talmud angegebene weiter unten ausgewerthete Gewicht des Schekel 13,643 Gramm = 0,81858 Neuloth durch 20 dividirt wird.

Gehen wir nun nach Bestimmung der Einheit Gera zu dem nächst höheren Gewichtstücke über.

B. שֶׁקֶל Schekel, σίκλος.

Die Bibel giebt den Schekel gleich zwanzig Gera an, und es wäre demnach ein Schekel = 20 × 0,5975 Gramm = 11,95 Gramm = 0,717 Neuloth. Ein etwas verändertes Gewicht des Schekel führt der jerusalemische Talmud[1]) an. Dort wird der halbe heilige Schekel = 6 גירכסא gesetzt. Dasselbe hat Tanchuma[2]). Dieses גירכבן bezeichnet ein Gewicht, den Scrupel γραμμάριον, den vierundzwanzigsten Theil einer Unze[3]). Da nun das römische Pfund = 12 Unzen = 288 Scrupel enthält, so ist der halbe heilige Schekel = $\frac{1}{48}$ römisches Pfund, der ganze heilige Schekel = $\frac{1}{24}$ römisches Pfund = $\frac{1}{2}$ römische Unze = 13,643 Gramm = 0,81858 Neuloth. Ein drittes Schekelgewicht würde dem Gewichte des oben erwähnten tyrischen Silberstückes von 14,34 Gramm = 0,8604 Neuloth entsprechen, indem der Talmud[4]) als Norm festsetzt כל בסף כל כסף דאת־ר כו בתורה בסף צירי. Alle im Pentateuch angegebenen Summen Silbergeldes sind nach tyrischem Silbergelde zu berechnen. Schon die Mischna[5]) setzt gewisse im Pentateuch vorkommende Geldangaben tyrischem Gelde gleich und die Tosifta[6]) führt an, איזהו כסף צירי זה כסף ירושלבי dass man unter tyrischem Silbergelde jerusalemisches Silbergeld verstehe.

Diese Verschiedenheit der drei Gewichte des Schekel wird weiter unten bei der Veränderung der Münzen berichtigt.

Dem Grössenverhältnisse der Gewichte folgend, kommt nun zur Untersuchung

C. מנה Mine, μνᾶ[7]).

Die Mine wird als Gewicht im Talmud bei verschiedenen Gegenständen, z. B. bei Feigen, Gewürzen, Wolle, Fleisch u. s. w. erwähnt[8]). Sie wird auch wiederum einige Male in der Mischna מנה איטלקי "italische Mine" genannt[9]). Durch das Beiwort איטלקי lässt sich aber ihr Gewicht näher bestimmen. Die italische Mine hatte 100 Denare, von denen 96 auf das römische Pfund gehen,

von 500 französischen Gramm, 1 Neupfund = 20 Neuloth, 1 Neuloth = 10 Neuquentchen, 1 Quentchen = 10 Cent, 1 Cent = 10 Korn. 2. Es tritt an die Stelle des 14 Thalerfusses als gesetzlicher Münzfuss der 30 Thalerfuss und es wird das Pfund feinen Silbers zu 30 Thalern ausgebracht. Das Feingewicht des Thalers ist jetzt ein Neuloth. 3. Wir setzen das römische Pfund nach Boekh = 6165 Par. Gran = 327,434 Gramm = 19 Loth 6 Q. 4 Cent 6 Korn Neugewicht.

[1]) Schekalim 46, 4 (Krakauer Ausgabe).
[2]) Abschnitt כי תשא, ed. Amsterdam, pag. 112a.
[3]) Vergl. Mussafia s. v. גירבן
[4]) Vergl. Anmerkung 76.
[5]) Bechoroth VIII, 7.
[6]) Kethuboth 12 am Schlusse.
[7]) Ueber Wurzel und Bedeutung des Wortes מנה vergl. Boekh a. a. O. pag. 34. 39.
[8]) Pea VIII, 5. Kethuboth V, 8. Edajoth III, 3. Chulin XI, 2. Talmud Chulin 137, b. Kerithoth 6, a. Jerusalemische Talmud Joma 41, 4. Tosifta Chulin 10.
[9]) Schebiith I, 2 und 3.

also eine solche Mine = $1\frac{1}{16}$ römisches Pfund. Es ergiebt sich daher, dass römische Pfund 327,434
Gramm gleichgesetzt, für die Kallsche Mine 341,077 Gramm = 20 Loth 4 Q. 6 Cent 4,6 Korn
preussisches Neugewicht[16]. Ein damit übereinstimmendes Gewicht hat der jerusalemische
Talmud[17]). Dort wird, wie oben Seite 5 citirt, der halbe heilige Schekel = 6 Scrupel gesetzt,
folglich der ganze Schekel = 12 Scrupel. Nun ersieht man aus einer Stelle Bechoroth 5. a, auf
die wir später zurückkommen werden, dass eine sogenannte gemeine, der heiligen entgegenge-
setzte Mine 25 solcher Schekel enthält. Es ist daher 1 Mine = 25 × 12 Scrupel = 300 Scrupel
= $1\frac{1}{16}$ römisches Pfund = 20 Lth. 4 Q. 6 Cent 4,6 Korn Neugewicht, wie oben. Dasselbe
erhält man, wenn man das Seite 5 gefundene zweite Gewicht des Schekel von 0,81838 Neuloth
mit 25 multiplicirt. Das erste und dritte oben angegebene Gewicht des Schekel, 0,717 Neuloth
und 0,8604 Neuloth, würde für die Mine 17 Lth. 9 Q. 2 Cent 5 Korn resp. 21 Lth. 5 Q.
1 Cent Neugewicht ergeben.

Eine andere Mine von 40 Selaim wird in der Tosifta[18]) und im Talmud[19]) erwähnt. Da
der Sela vier Denaren gleich ist, so enthielt diese Mine 160 Denare. Galen führt in einem der
metrologischen Abschnitte eine Mine von 40 Statern oder 160 gewöhnlichen Rechnungsdrachmen
= 20 Unzen = $1\frac{1}{4}$ römisches Pfund an. Da nun ein Talent 60 Minen enthält, so beträgt ein Talent in solchen Minen 60 mal $1\frac{1}{4}$ römisches Pfund = 100 römische Pfund. „Es ist dies ein römisches Centompondium, welches man in 60 Minen theilte, indem man das griechische System der
Minen darauf anwandte"[20]). Wir hätten also hierbei auch gefunden, dass der hier erwähnte Sela
dem Stater von einer halben römischen Unze gleich ist und dem oben Seite 5 vom jerusalemischen
Talmud angegebenen heiligen Schekel, der auch eine halbe Unze wiegt, entspricht.

Das der Mine nächstverwandte Gewichtsstück ist.

D. ליטרא Litra, λίτρα.

Die Litra, welche ursprünglich dem italischen Libra entspricht, wird gewöhnlich mit
Pfund übersetzt und in den talmudischen Quellen als Gewicht für Feigen, Grünzeug, Fleisch,
Fische, Gold und Silber angeführt[21]). Der jerusalemische Talmud[22]) setzt eine Litra = 100 Sin
מ. Dieses מ hat die Bedeutung von מ, denn die Mischna[23]) hat den Ausdruck מ, wo die Tosifta[24]) dieselbe Stelle mit dem Ausdrucke מ hat. Es ist daher eine Litra = 100 Sus. Daraus
folgt, dass Litra = Mine gesetzt wurde, denn im Talmud heisst Denar auch Sus, und daher ist

[16]) Vergl. Boekh a. a. O. pag. 218 f.
[17]) Schekalim 46, 4.
[18]) Kelim baba mezia 6. Vergl. מ in Kelim XVII, 2.
[19]) Chulin 137, b.
[20]) Boekh a. a. O. pag. 299 f.
[21]) Schebanth VI, 8. Bechoroth V, 1 Temura III, 5. Tosifta Terumoth 5. u. 8. Talmud Erubin 29, a. Kern-
both 67, b. Oltia 56, b. Sifri Hreh 116 und ki Seze 294. Midrasch Rabba, Amsterdamer Ausgabe, 1641 fol., pag. 15, d.
20, b. 54, c. 296, d. 234, d.
[22]) Terumoth 47, 1.
[23]) Terumoth X, 8.
[24]) Terumoth 9.

eine Litra = 100 Sus = 100 Denar. Ferner ist oben Seite 6 darauf hingewiesen, dass eine Mine = 25 Schekel und 1 Schekel = 4 Denar, also auch 1 Mine = 100 Denar, mithin eine Litra = einer Mine. Die Gleichsetzung dieser beiden Gewichtsstücke kann nicht auffallen und findet Bestätigung, indem nach Berichten von Galen und mehreren Anderen man die Litra gleichbedeutend mit der Mine setzte, obschon jene 96, diese 100 Drachmen enthielte[24]). Als Grund dieser Annahme kann gelten, dass der Unterschied beider als ein nur geringer nicht in Rechnung gezogen, ebenso wie die Drachme dem Denar trotz eines geringen Unterschiedes gleichgesetzt wurde. Wir halten daher 1 Litra = 20 Lth. 4 Q. 6 Cent 4,6 Korn, 1 Litra = 17 Loth 9 Q. 2 Cent 5 Korn und 1 Litra = 21 Lth. 5 Q. 1 Cent preussisches Neugewicht. Ausser der ganzen Litra werden noch Gewichtsstücke von ½ Litra, ⅓ Litra und ¼ Litra erwähnt[25]).

Das nächst höhere und überhaupt grösste Gewichtsstück ist

E. כבר (קַנְטִירָא) Talent, τάλαντον.

Der Kikkar, eine runde, scheibenförmige Metallmasse, wird gewöhnlich durch „Talent" übersetzt. In den talmudischen Quellen wird es meistentheils als Gold- und Silbergewicht gebraucht[27]). Aus dem Talmud[28]) ergiebt sich, dass der Kikkar 60 Minen hält. Ein Werth von 60 Litra für den Kikkar wird bei einer Fragestellung in einer unten zu erwähnenden Stelle des jerusalemischen Talmud[29]) angeführt. Da nun die Litra, wie oben gezeigt, der Mine gleichwerthig war, so beleet dies so viel als ein Kikkar = 60 Minen. Auch wird dort ein Kikkar = 100 Litra, also = 100 Minen angegeben. Diese letztere Mine kann keine hebräische Mine sein; da, wie wir später erörtern werden, der Kikkar 3000 Schekel bet, so würde die Mine nur 30 Schekel halten, was allen über das Verhältniss der Mine zum Schekel vorhandenen Angaben widerspricht. Josephus[30]) hat dieselbe Gleichung, 1 Talent = 100 Minen. Bernard[31]) nimmt an, dass hierbei attische Minen gemeint seien. Wir finden also auch in unserer Stelle einen Zusammenhang zwischen hebräischen und griechischen Gewichten; es hat nämlich ein hebräisches Talent 100 attische Minen oder 60 hebräische Minen und ist daher eine hebräische Mine 1⅔ der attischen Mine gleich. Aus den oben gefundenen drei verschiedenen Gewichten des Schekels und der Mine ergeben sich mithin auch drei Gewichte für den Kikkar, nämlich das erste 40 Pfund 27 Lth. 8 Q. 7 Cent 6 Korn, das zweite 35 Pfund 25 Lth. 5 Q., das dritte 43 Pfund 6 Q. Neugewicht. Kleinere Gewichte als die genannten, mit Ausnahme der אוקיא (οὐγγα, Unze), welche Midrasch Rabba[34]) erwähnt ist, werden nur durch Münzen angegeben. So ist in der Tosifta[35]) der Denar auch als Ge-

---

[24]) Bockh a. a. O. pag. 294.
[25]) Tosifta Kelim baba mezia 2 und Talmud Baba bathra 89, a. Siehe hi Seite 294.
[27]) Socca 51, b. Aboda Sara 44, a. Jerusal. Talmud Schekalim 51, 2. Midrasch Rabba pag. 157, b. 206, a. 247, c. Schir Haschirim Rabba pag. 22, a. Esther Rabba pag. 129, b. e. a. w.
[28]) Bechoroth 5, a.
[29]) Synhedrin 19, 4.
[30]) Archäologie III, 6. 7.
[31]) De mensuris et ponderibus antiquis, pag. 189.
[34]) pag. 20, b. 31, a. 89, b. 230, d. Midrasch Threni 59, a., jerusal. Talmud Taanis 64, 8.
[35]) Menachoth 12. Sabbath 9.

8

wichtiastück genannt עשרה דינרין בשקל, ferner in der Mischna[a]) und im Talmod[b]) der Sela, Schekel und Sus, im Midrasch Rabba[c]) der gordianische Denar als Gewicht angeführt דינר גורדייני משקל. Die gegenseitige Beziehung und die Werthe dieser Münzgewichte werden weiter unten bei der Münzeintheilung näher bestimmt.

Nun führen wir noch einige vereinzelt vorkommende Gewichte an.

Es kommt das Fleischgewicht תרטימר in der Mischna[d]) vor, und der Talmud an dieser Stelle[e]) werthet dieses Gewicht durch Analogie mit dort vorkommenden anderen Maassen auf eine halbe Mine aus. Dieser Ausdruck bedeutet aber so viel als τριτημόριον, ein Drittel, und es würde demnach nur ein Drittel Mine sein. Dass der Talmud es auf eine halbe Mine angiebt, könnte wohl daher kommen, dass die hebräische gemeine Mine sich zu einer griechischen wie 2 : 3 verhielt[f]), so dass drei hebräische gemeine Minen zwei griechischen Minen gleich sind, d. h. eine halbe hebräische gemeine Mine gleich einem Drittel der griechischen Mine. Zur Bestätigung dieser Meinung lässt sich aufführen, dass, während eine gemeine Mine 100 Denare enthielt, von denen 96 auf das römische Pfund gingen, es eine alexandrinische Mine gab, die etwa 150 solcher Denare galt, also jene Mine zu dieser im Verhältniss von 2 : 3 stand[g]). Nachdem wir oben die Mine etwa 21 Loth gefunden, so wäre eine halbe Mine etwa 10½ Loth, und es ist auffallend, dass in der eben besprochenen Stelle ein so geringes Gewicht Fleisch einen jungen Menschen zum Wüstlinge stempeln solle. Die Annahme, dass dieses Wort aus τρίτος und μερία zusammengesetzt sei, also 4 Portionen bezeichne, ist nicht stichhaltig, weil die andere Meinung dann, die eine Mine Fleisch dafür angiebt, eben so auffallend wäre. Es bleibt nur der Ausweg, diese Mine und das תרטימר als Geld aufzufassen, so dass der Sinn der beregten Stelle wäre, als ob es hiesse בתרטימר בשר Fleisch im Werthe einer Drittel Mine, בכזה בשר Fleisch im Werthe einer Mine. Aehnliches sagt der Talmud[h]).

Ein kleines Gewicht, welches zur Aufbewahrung in einem Stückchen Leder eingehüllt war, wird als der sechszehnte Theil eines Gewichts in Pumbedita bezeichnet ריבעא דריבעא דפומבדיתא[i]).

Das Gewichtsstück רסל, welches im Jerusalemischen Talmud[k]) vorkommt, כה וארבע רסלין war wohl eine kleine Kupfermünze, welche ihren Namen von ihrer rothen Farbe rutilus erhalten.

Die Gewichtsangabe im Jerusalemischen Talmud[l]) ארייתים הוה זה לי כסף ביוה דיקלשייניה הוה בשקל דינר נידידין (גורדיין) ½ glauben wir in folgender Weise erklären zu können: Dort werden 7 verschiedene Arten Goldes aufgezählt, darunter eine Sorte, welche sich wie Wachs ziehen lässt.

---

[a]) Chullin XI, 2.
[b]) Talmud Sabbath 61, a. 110, a. Joma 41, b. Gittin 56, b. Aboda Sara 11, b.
[c]) pag. 247, c. Schir Haschirim Rabba pag. 22. a.
[d]) Synhedrin VIII, 2.
[e]) Synhedrin 70, a.
[f]) Mussafia s. v. ט׳ר׳ט׳מ׳.
[g]) Vergl. Boekh a. a. O. pag. 155 ff.
[h]) Ketuboth 67, b
[i]) Sabbath 79, a. Gittin 22, a. Baba mezia 105, b.
[k]) Ketuboth 30, 2.
[l]) Joma 41, 4

וכן שדים שהיה ובשך בעצה. Diese Goldsorte ist wohl das zu dünnen Blättchen geschlagene Gold, das sogenannte Goldschlägergold. Nach dem Worte בשעה findet sich die eben zu erklärende Stelle und schliesst sich also dem letzteren an. Sie sagt daher: Von solch dünnem Golde hatte Hadrian ein Gewicht von der Schwere eines Eies, Diokletian von der Schwere eines Gordianischen Denars. Es wird dies der Seltenheit wegen in der damaligen Zeit erwähnt. Die Parallelstelle Midrasch Rabba 152, b giebt die Goldart in noch deutlicheren Worten wieder[44]).

Nach Auswerthung der Gewichte hat man die Stellung der talmudischen Quellen zur folgenden Frage zu untersuchen, ob nämlich das heilige und königliche Gewicht vom gemeinen, zum Marktverkehr gebräuchlichen zu unterscheiden sei. Der Gegensatz von heiligem und gemeinem Schekel ist von Einigen anerkannt, von Anderen verworfen worden. Robert Hussey[45]) führt die verschiedenen Meinungen hierüber an. Boekh[47]) tritt auf die Seite Derer, die einen Unterschied annehmen, weil die grosse Anzahl von Stellen, worin der heilige Schekel und das heilige und königliche Gewicht erwähnt wird, auf den unbefangenen Leser den Eindruck eines solchen Gegensatzes, der sich auch bei der heiligen und gemeinen Elle wiederfindet, macht. Die talmudischen Quellen geben für den hier behandelten Zeitabschnitt an, der gemeine Schekel sei die Hälfte des heiligen. Im Talmud wird nämlich der biblische heilige Schekel sowohl durch Schekel, als auch durch Sela bezeichnet. Ebenso Onkelos, welcher שקל mit כספא übersetzt. Die Mischna, der babylonische Talmud[48]) und noch deutlicher der jerusalemische Talmud[49]) finden im biblischen Schekel den Sela wieder: ל. שקלים שנתב כתורה סלעים. Wahrscheinlich wurde סלע (Fels, Stein) deshalb für Schekel (Gewichtsstück) gesetzt, weil die Gewichte in der Regel aus Stein waren. Demnach war Sela und Schekel ganz identisch. Die Hälfte des Sela wird aber wiederum mit dem Namen Schekel belegt, so dass ein Sela = 2 Schekel, d. h. ein heiliger Schekel = zwei gemeinen. Diese letztere Gleichung wird aus der Mischna[50]) hergeleitet. Man brauchte nicht das „zweite Zehnt“ (מעשר שני) in Naturalien nach Jerusalem zu bringen und dort zu verzehren, sondern konnte es zu Hause auf Geld eintauschen und dasselbe in Jerusalem ausgeben. Um nun vom Transporte des Kupfergeldes nicht zu sehr belastet zu werden, wollte man dies auf Silbergeld umtauschen, um es in Jerusalem wieder auf Kupfermünze umzuwechseln. Es herrschen nun verschiedene Meinungen darüber, wie viel man Silbergeld für einen Sela in Kupfergeld vom „zweiten Zehnt“ und wie viel Kupfermünze man für einen Sela in Silber vom „zweiten Zehnt“ einwechseln darf. Beth Hillel giebt an, dass man in beiden Fällen einen Sela auf einen Schekel Kupfermünze und einen Schekel Silbermünze verwechseln darf. Hieraus sieht man, dass der Sela = 2 Schekel war. In gleicher Weise wird die Verschiedenheit des Sela und Schekel von der Tosifta[51]) und an mehreren Stellen im Talmud erwähnt. Ferner ergiebt sich aus einer Discussion im Talmud[52]) über die Benutzung der bis zu

[44]) Vergl. Midrasch Rabba pag. 217, c. Schir Haschirim Rabba pag. 72, a.
[45]) Essay on the ancient weights and money etc. pag. 183 ff.
[47]) a. a. O. pag. 61.
[48]) Mischna Bechoroth VIII, 7. Talmud Bechoroth 50, a.
[49]) Kidduschin 59, 4.
[50]) Maaser Scheni II, 8. 9.
[51]) Ketuboth 6.
[52]) Baba mezia 52, a.

einem gewissen Grade abgeriebenen Münzen, dass der Hela = 2 Schekel[44]). — Haben wir nun hier einen Unterschied zwischen heiligem und gemeinem Schekel gefunden, so geben die talmodischen Quellen keine Differenz dieser beiden Gewichte für die biblische Zeit an. Für die grösseren Gewichtsnominale Kikkar (Talent) und Mine hingegen wird ein Unterschied zwischen heiligem und gemeinem Gewichte durchgängig auch für jene Zeit gemacht, und zwar wird der heilige Kikkar und die heilige Mine als eine Doppelung der gemeinen gleichnamigen Gewichtsstücke angesehen. Es ergiebt sich dies aus einer im Talmud[45]) angeführten Unterredung eines Griechen mit einem der ältesten mischnaitischen Autoren, worin eine Berechnung dieser gegenseitigen Gewichtswerthe niedergelegt ist. Zum Verständnisse der Angaben des Griechen sei hier erwähnt, dass die Hellenen für ihr Gewicht und Silbergeld folgende Gleichungen hatten: 1 Talent = 60 Minen, 1 Mine = 100 Drachmen[46]). Da nun der Grieche die biblischen und nachbiblischen Gewichts- und Geldangaben denen aus dem griechischen Gewicht- und Geldsystem abgeleiteten gleichsetzte und den heiligen ebensowohl als den gemeinen Schekel für ein Tetradrachmon (= 4 Drachmen) ansah, so hielt er den heiligen und gemeinen Kikkar (Talent) für 60 heilige oder 60 gemeine Minen, 1 heilige oder gemeine Mine = 100 Drachmen = 25 heilige oder gemeine Schekel, also 1 heiliges Talent = 1500 heilige oder gemeine Schekel. Nun fragt er, wie kommt es, dass die Steuer von 600,000 Männern, von denen jeder einen halben heiligen Schekel zahlte, im 2. M. 38, 25 als 100 Talente schwer angegeben wird, während sie doch 300,000 heilige Schekel, gleich 200 Talente, ausmachte. Ihm wird zur Antwort: die heilige Mine war doppelt so schwer als die gemeine, sie enthielt 50 heilige Schekel, wodurch auch das heilige Talent doppelt gross war, und die Steuer im Betrage von 300,000 heiligen Schekeln war nur 100 heiligen Talenten gleich. Ist nun hier in deutlichen Worten eine Verschiedenheit zwischen heiligem und gemeinem Talent und heiliger und gemeiner Mine angegeben, so erhellt aus dieser Berechnung, dass der heilige Schekel gleich dem gemeinen sei; da, hielte der Talmud auch für die biblische Zeit die beiden Schekel im Verhältnisse von 2 zu 1, die ertheilte Antwort, die heilige Mine war doppelt so schwer als die gemeine Mine, falsch wäre. Denn laut Voraussetzung enthielt eine gemeine Mine 25 gemeine Schekel, nach der Annahme enthielt eine heilige Mine 50 heilige Schekel = 100 gemeine Schekel, also die heilige Mine verhält sich zur gemeinen wie 100 : 25 = 4 : 1 gegen die Voraussetzung wie 2 : 1, oder dann beträgt die Steuer 300,000 heilige Schekel = 600,000 gemeinen Schekeln = 24,000 gemeinen Minen = 400 gemeinen Talenten, während sie nach heiligem Gewicht nur 100 Talente schwer angegeben ist, also das heilige Talent zum gemeinen wie 4 : 1, nicht wie 2 : 1 setzt. (Vergl. Tosafoth zur Stelle s. v. הכי, wo in Kürze angedeutet wird „אבי כיכר של זהב ושל כסף היה die heiligen und gemeinen Schekel waren gleich"). Der jerusalemische Talmud[47]) hat dieselbe Unterredung in etwas veränderter Form. Dort wird das Wort Litra statt Mine gebraucht, was nach dem oben S. 7 über Litra und Mine Gesagten nicht auffällt. Ferner wird dort der hei-

---

[44]) Vergl. Mischna Nedarim III, 1.
[45]) Bechoroth 5, a.
[46]) Boekh a. a. O. pag. 32
[47]) Synhedrin 19, 1.

llgo Kikkar als doppelt gegen den gemeinen angesehen, durch welche Angabe die Steuerberechnung auf dasselbe herauskommt. Aus der ganzen Betrachtung ergeben sich folgende 2 Reihen:

Für die biblische Zeit:

1 heiliges Talent = 60 heilige Minen = 3000 heilige Schekel = 3000 gemeine Schekel.
1 heilige Mine = 50 heilige Schekel = 50 gemeine Schekel.
1 heiliger Schekel = 1 gemeiner Schekel.

1 gemeines Talent = 60 gemeine Minen = 1500 gemeine Schekel = 1500 heilige Schekel.
1 gemeine Mine = 25 gemeine Schekel = 25 heilige Schekel.
1 gemeiner Schekel = 1 heiliger Schekel.

Für die talmudische Zeit:

1 heiliges Talent = 60 heilige Minen = 3000 heilige Schekel = 6000 gemeine Schekel.
1 heilige Mine = 50 heilige Schekel = 100 gemeine Schekel.
1 heiliger Schekel = 2 gemeine Schekel.

1 gemeines Talent = 60 gemeine Minen = 3000 gemeine Schekel = 1500 heilige Schekel.
1 gemeine Mine = 50 gemeine Schekel = 25 heilige Schekel.
1 gemeiner Schekel = ½ heiliger Schekel.

Diese beiden Reihen ergeben durchgängig 2 Talente und 2 Minen, die im Verhältnisse von 2 zu 1 stehen, und für die spätere Zeit auch 2 Schekel, die dasselbe Verhältniss haben. Wir ersehen zugleich hieraus, dass bei dem Bestehen von zweierlei Gewichten mit demselben Namen in der nachbiblischen Zeit eine Reduction des Schekel auf die Hälfte seines früheren Werthes stattfand.

Auf eine Veränderung der Münzgewichte überhaupt weist die Mischna[**]) hin. Dort wird angeführt, dass die Tempelsteuer zu verschiedenen Zeiten in verschiedenen Geldstücken, nämlich in solchen, wie sie gerade in Umlauf waren, gezahlt wurde. Als die Juden aus dem babylonischen Exil zurückkamen, zahlten sie die Tempelsteuer in halben Dareiken, später, als der Sela die gangbare Münze war, zahlten sie halbe Sela, noch später wurde der halbe Schekel die gangbare Münze, und sie wollten die Hälfte desselben, nur einen Denar einzahlen, der des zu leichten Gewichtes wegen nicht angenommen wurde, da es hierbei nicht auf ein Münzstück ankommt, welches ein Halbstück ist, sondern auf ein solches, das nicht weniger als ein mosaischer Halbschekel, gleich 10 Gera, wiegt.

Eine Veränderlichkeit der Gewichte, Münzen und Maasse, die theils in lokalen Verhältnissen ihren Grund hat, theils durch das allgemeine Steigen der Bedürfnisse bei wachsender Cultur, und durch das Sinken des Geldpreises bei dem Zutagefördern einer grösseren Menge edlen Metalls hervorgebracht wird, deuten die verschiedenen Werthe der Münzen, Maasse und Ge-

---

[**]) Schekalim II, 4. Der Jerusalemische Talmud Schekalim 46, 4 erklärt die in der eben citirten Mischna vorkommenden Ausdrücke durch קירסין (Aruch s. v. קבע) hat קירסין. Das קרים oder קירסין ist so viel als quarina, und der Sinn dieser Erklärung wäre dann: סילעין ist ein Sela, חצי Sela und רביעין ein viertel Sela.

2*

wichte an, die in verschiedenen Orten denselben beigelegt wurden. So wird z. B. in der Mischna[44]) das Werthverhältniss eines Münzstückes an zwei getrennten Orten wie 2 : 1 erwähnt. In der Mischna[45]) wird das Gewicht in Judäa als von doppelter Geltung in Galiläa angesehen „שקל חכש‎ בלים בירויא כך עשׂר כלים בנליל‎, ein Gewicht von 5 Selaim in Judäa ist 10 Selaim in Galiläa". Galiläa war eine sehr fruchtbare Provinz, und zufolge des Ueberflusses an Getreide wurde ein grosses Maass eingeführt, während das Geld im Verhältnisse theurer wurde. Man sah sich dadurch genöthigt, das Gewicht der Münzen zu reduciren. Die Mischna giebt hier an, dass die Gewichtsreduction der Münzen auf die Hälfte des judäischen Münzgewichtes geschah, und daher das Münzgewicht Sela in Judäa zwei Münzgewichten in Galiläa, von denen jedes Sela hiess, gleich war. Es sei hier die Bemerkung gestattet, dass man folgende Stelle der Mischna Ketuboth V, 9 „שקל חכש כלים חוי‎, בירודה שך עשׂר כלים כנליל‎ או בשקל עשׂר כלים ערב בירודה שך עשׂרים כלים בנליל‎, ein Gewicht von 5 Selaim Kette in Judäa ist 10 Selaim in Galiläa oder ein Gewicht von 10 Selaim Einschlag in Judäa ist 20 Selaim in Galiläa", nicht als das Gewicht einer Waare im Werthe von 5 Selaim in Judäa, welche 10 Selaim in Galiläa werth ist, oder als das Gewicht einer Waare im Werthe von 10 Selaim in Judäa, welche 20 Selaim in Galiläa Werth hat, auffassen kann, weil dann kein hinreichender Grund vorhanden ist, weshalb es in dem Belieben der Frau stehen soll, für 5 Selaim Kette oder für 10 Selaim Einschlag zu weben, während, wenn es auf das Gewicht bezogen wird, als Grund gilt, weil ein Gewicht von 5 Selaim Kette ebensoviel Arbeit, als 10 Selaim Einschlag verursacht. Die Mischna[46]) deutet eine Vergrösserung des Maasses allgemein an. Im Talmud[47]) wird auch das Verhältniss vom Wüsten-, Jerusalemischen und Sepphorischen Maasse angegeben, und zwar das letztere als das grösste[47]). Der jerusalemische Talmud[48]) erwähnt ליברא דצפרי‎ die sepphorische Litra ohne weitere Vergleichung. Da nun das Maass in Sepphoris, mit dem Wüsten- und jerusalemischen Maasse verglichen, als das grösste von allen angesehen wird, so wird auch wiederum, besonders da Sepphoris zu Galiläa gehörig, sein Gewicht Litra kleiner, als die Litra der aussergaliläischen Landestheile gewesen sein. Nun hat aber auch eine Erhöhung des Nominalwerthes des biblischen Schekel (Sela) unzweifelhaft stattgefunden, und zwar wurde er um ein Fünftel seines eigenen Gewichtes gesteigert, so dass sich der vergrösserte zum alten Schekel wie 6 : 5 verhielt. Es wird nämlich im Talmud[49]) angeführt, dass der biblische Schekel 3½ Denar gleich war und nach der Vergrösserung desselben einen Werth von 4 Denaren hatte, das heisst um ein Fünftel seines Werthes mehr. Während also der frühere Schekel gleich 20 Gera war, enthielt der spätere 24 Gera = 24 Maah. Dass diese Vergrösserung auch auf biblische Geldsummen angewendet werden sollte, ist nicht allgemein bekannt gewesen, denn im Talmud[49]) wird erzählt,

[44]) Maaser Scheni IV, 8.
[45]) Terumoth X, 8. Ketoboth V, 9. Challa XI. 2. vergl. Tosifta Terumoth 9. Tosifta Challa 10. Talmud Challa 137, b. Sifri Scholim 186.
[46]) Edajoth I, 2. סאתיו‎ ירדת‎.
[47]) Erubin 83, a. Menachoth 77, a.
[48]) Vergl. Tosifta Menachoth 8. Tosifta Terumoth 9.
[48]) Pea 20, 1. Sifri Naasim 317.
[49]) Bechoroth 50, a.
[49]) Bechoroth 50, a.

dass R. Aschi für das dem Priester bei der Geburt seines erstgeborenen Sohnes zu entrichtende Geld (פדיון הבן) an R. Acha, welcher vom Priesterstamme war, 17 Denare geschickt habe und ein Drittel Denar zurückverlangte, weil er das Auslösegeld, welches auf 5 Selaim festgesetzt ist, für 5mal 3½ Denar = 16⅚ Denar ansah. R. Acha erwiderte, er möchte ihm noch 3 Denare dazu schicken, da jeder Sela jetzt gleich 4 Denare sei, 5 Selaim also 20 Denare ausmachen. Es drängt sich nun die Frage auf über die Ursache und die Entstehungszeit der Veränderlichkeit des Gewichtes und folglich auch der Münzen. Als Ursache für die Reduction des Sela (Schekel) auf die Hälfte seines Werthes lässt sich der Uebergang der Juden von einer Herrschaft unter die andere annehmen, und zwar wird von Frankel[40]) nachgewiesen, dass äusserer Einfluss diese Reduction bedingt habe, und sie fand statt, als Palästina aus ptolemäischer in seleucidische Herrschaft überging. Für die Erhöhung lässt sich angeben, dass die gangbare Münze diesen erhöhten Werth hatte. Der Zeitpunkt, wann diese Erhöhung eingeführt wurde, ist nicht näher bestimmt. Der Talmud betrachtet sie als aus alter Zeit herstammend, da er ohne eine weitere Begründung der Nothwendigkeit dieser Massregel sie nur exegetisch zu rechtfertigen sucht[41]). Hierdurch finden die drei verschiedenen oben gefundenen Gewichtsangaben des Schekel von 11,95, 13,643 und 14,34 Gramm ihre Erklärung. Das erste Gewicht, 11,95 Gramm, ist das des biblischen Schekel von 20 Gera, die beiden letzteren sind das Gewicht des vergrösserten Schekel, denn schlägt man zum Gewichte des ersten seinen fünften Theil, 2,39 Gramm, hinzu, so erhält man 14,34 Gramm. Dieses Gewicht ist mit dem des dritten übereinstimmend und als das des zweiten nur um 0,7 Gramm etwa grösser, wobei man bedenken muss, dass die Angabe des jerusalemischen Talmud von 6 נרבשן der Exegese wegen nur als eine annähernde zu betrachten ist. Weiter unten werden wir auf den für die Praxis angenommenen Werth zurückkommen.

II. Münzen.

A. מעות ארץ ישראל Palästinensische Münzen.

Gehen wir nun zu den Münzen über, so finden wir in den talmudischen Quellen zunächst im Allgemeinen eine Angabe über das im Lande Israel (Palästina) geprägte Geld בעית ארץ ישראל und kappadokisches Geld בעית קפוטקיא [42]), ferner babylonisches und medisches Geld מדיית בבליית [43]). Der jerusalemische Talmud[44]) giebt jene Landesmünze בעית ארץ ישראל als die vollwichtigste allen anderen Ländern gegenüber an יצבת ארץ ישראל יפה מכל הארצות im Gegensatze zum babylonischen Talmud[45]), welcher die kappadokischen Münzen für schwerer hält. Der jerusalemische Talmud hat hier die unter römischer Herrschaft geprägten kappadokischen Münzen im Sinne, welche allerdings leichter als die palästinensischen waren, während die älteren kappadokischen Münzen grösseres Gewicht hatten; von diesem letzteren spricht aber der babylonische Talmud. Bevor

---

[40]) Frankel, Monatschr. für Geschichte u. Wissenschaft des Judenthums, 4. Jahrgang, Leipzig 1855, pag. 136 f.

[41]) Bechoroth 5, a. vergl. Tosafoth zur Stelle s. v. הדר.

[42]) Mischna Ketuboth XIII, 11. Der jerusalemische Talmud hat an vielen Stellen קסף, קסמא = ריפן = Geld.

[43]) Sifra Wajikra 20. Tosifta Ketuboth 12. Talmud Ketuboth 110, b.

[44]) Ketuboth 76, 2.

[45]) Ketuboth 110, b.

14

nämlich Kappadokien unter römischer Herrschaft gehörte, gab es dort Tetradrachmen attischer und tyrischer Währung, von 14,39 bis 16.41 Gramm, wie die Ariartheenmünzen zeigen, und später attische Drachmen von 3,44 bis 4,22 Gramm. Im Jahre 17 der üblichen Zeitrechnung wurde Kappadokien römische Provinz und es tritt dann das römische Silbercourant auf. Das gewöhnliche Nominale steigt bis auf 3,46 Gramm[72]). Nun waren die in Palästina geprägten Münzen thatsächlich schwerer, als die letztgenannten römischen, wie die noch jetzt vorhandenen jüdischen Münzen zeigen[73]), da sie nach tyrischer Währung geprägt sind[74]), welches auch die Tosifta[75]) angiebt „בסף ארזו ירושלמי ר׳ה בכף unter tyrischem Silbergelde versteht man jerusalemisches Silbergeld".

B. סעות ירושלמית Jerusalemischer Münzfuss.

Ein jerusalemischer Münzfuss wird unter dem Namen בעת ירושלבית in den talmudischen Quellen angedeutet, welches sich aus der Vergleichung der folgenden drei Stellen ergiebt:

A. אין מחללין אותו לא על בסבע בדוד ......

נישר ח׳ל בעת טבוות ובציות ירושלביות אין מחללן אותו עלית ......

(הנכראא בעישר שני א)

B. בסבע סמדר בן (מבן) בן בודנא אבני סחל׃ ...... (ירשלכי בעשר שני ד ,52)

C. אין מחללין על הכבוח סאתם יצאות ביד חד ל׳ בעת כיבית ירשלבית

או של מלכים הראשונים אין מחללין (בבא קכא b ,07)

A. Man darf „zweites Zehnt" (בעשר שני) durch eine Revolutionsmünze nicht auslösen. Hatte man Ben-Cosibaische Münzen, welche nach jerusalemischem Münzfusse geprägt waren, so durfte man durch sie „zweites Zehnt" nicht auslösen. ⸻

B. Durch eine Revolutionsmünze, z. B. eine Münze von Ben-Cosiba, darf man „zweites Zehnt" nicht auslösen.

C. Man darf „zweites Zehnt" durch nicht gangbares Geld nicht auslösen: hatte man Ben-Cosibaisches, nach jerusalemischem Münzfusse geschlagenes Geld, oder Münzen von den ersten Königen (alte, nicht gangbare Münzen), so durfte man durch sie „zweites Zehnt" nicht auslösen.

Diese 3 Citate ergänzen sich gegenseitig, und zwar Citat B. drückt deutlich aus, dass hier Revolutionsmünzen, nämlich die Bar-Cochbaischen oder Ben-Cosibaischen gemeint sind. Citat A. durch das Wort ובביות und Citat B. durch Auslassung des בעת ירושלמית bestimmen die Erklärung des Citat C. dahin, dass hier kein besonderes jerusalemisches Geld, welches zum Austausch für „zweites Zehnt" nicht zu gebrauchen wäre, sondern die Bar-Cochbaischen Münzen, die nach jerusalemischem Münzfusse, welcher der tyrische war, geprägt waren, angegeben sei. Somit ist auch die Leseart, welche Raschi zu Baba kama 97, b. zur Stelle anführt, zurückgewiesen.

---
[72]) Mommsen, Geschichte des römischen Münzwesens, pag. 711.
[73]) de Sauley, Recherches sur la numismatique judaïque pag. 20, fand das Gewicht eines Schekels 14,65 Gramm.
[74]) Boekh a. a. O. pag. 67.
[75]) Ketuboth 12 am Schlusse.

C. מדינה כסף סמכן Provinzialmünze.

Neben dem jerusalemischen Silbergelde circulirte auch eine palästinensische Scheidemünze unter dem Namen מדינה כסף, Provinzialmünze, welche durch ihre starke Legirung bis auf 12,5 Procent, also bis auf den achten Theil des Silbergehalts ausgemünzt wurde. In diesem Gelde sollten alle nachbiblischen Geldangaben, wie Straf- und Entschädigungssummen u. s. w. gezahlt werden, die Geldangaben im Pentateuch hingegen nach tyrischem Gelde, welches Rabbi Jehuda Im Namen des R. Asai als feste Regel aufstellt „כל כסף קצב האמור בתורה כסף צורי וכל דברים כסף מדינה, alle im Pentateuch angeführten Summen Silbergeldes seien nach tyrischem Gelde, alle nachbiblischen nach Provinzialgelde zu berechnen"[14]). Das Provinzialgeld war fast in denselben Nominalen wie das jerusalemische Silbergeld ausgemünzt, nur war jenes, wie schon gesagt, im Werthe dem achten Theile dieses Silbergeldes gleich. So wird[15]) eine כסף מדינה erwähnt, in gleicher Weise[16]) ein כסף מדינה, welcher der achte Theil des tyrischen Sela צורי סלע ist. Die letztere Gleichung wird dort durch ein Factum belegt, dass nämlich Jemand einen כסף מדינה zahlen sollte, und diese Strafe auf einen halben Sus festgesetzt wurde, während der tyrische Sela 8 halben Sus oder 4 ganzen Sus gleich war. Im Talmud[17]) wird als Strafe für eine gewisse Realinjurie ein Sela bestimmt und die Erklärung dabei abgegeben, dass damit nicht der gewöhnliche Sela von 4 Sus, sondern derjenige, der einen halben Sus werth ist, gemeint sei. Oft wird auch שטר די מדינה für כסף מדינה gebraucht[18]).

Einiger anderer Arten von כסף, die auch einen geringeren Werth als die tyrischen Silberstücke, Tetradrachmen, hatten und dem Provinzialgelde angehörten, geschieht im jerusalemischen Talmud[19]) Erwähnung. Dort führt R. Jochanan drei Münzgattungen als יצאו כסף gangbare Münze an, die dem Zusammenhange nach einen Gegensatz zum tyrischen Gelde bilden. Sie heissen כסף סבריני מדינה ירושלמית. Diese Selaim repräsentiren aus- und inländische Münzen, und zwar werden auch nur bei den ausländischen neue von alten Münzen unterschieden, da alte inländische Münzen von so leichtem Gewichte gar nicht vorhanden waren. כסף סבריתית ist eine von Severus geprägte Münze. Nun ist bekannt, dass die Verschlechterung der römischen Münzen unter Severus so weit zugenommen hat, dass die Legirung bis auf 50, auch 60 Procent gestiegen ist. Es waren daher die Münzen unter Severus schlechter als die tyrischen. Bei jeder Münzreduction wurden die neuen, von geringerem Gehalte geprägten Münzen den alten besseren gleichgestellt, so dass beide nebeneinander im Umlauf waren[20]), und es wird daher diese severische Münze als eine gangbare יצאו סבריני bezeichnet. Die zweite Münze מדינה סלע (zu lesen סלע מדינה) ist eine Dyrrhachiner Münze des Königs Monunios. Aus der illyrischen Prägung finden sich nämlich Stücke mit der Aufschrift BAΣIΛEOΣ MONOYNIOY 10,26 Gramm schwer. Ihr Gepräge ist eine ihr Kalb leckende Kuh und die sogenannten Gärten

---

[14]) Bechoroth 50, b. Kidduschin 11, b. Vergl. Tosifta Ketuboth 12, Schluss und Sifra Wajikra 20. Ob diese Regel sich auf alle Nominale oder nur auf Selaim bezieht, vergl. Baba kama 36, b Tosafoth s. v. לחן, Bechoroth 50, b Tosafoth s. v. לכ und Ketuboth 67, a Tosafoth s. v. אמר.

[15]) Baba kama 90, b.

[16]) Baba kama 36, b.

[17]) Kidduschin 11, b.

[18]) Ketuboth 65, b. 67, a.

[19]) Ketuboth 25, 2.

[20]) Mommsen a. a. O, pag. 738.

des Alkinoos. Man unterscheidet aus der illyrischen Silberprägung zwei Epochen, und sind von den aus dieser Prägung stammenden Nominalen viele noch vorhanden, daher es nicht befremdet, wenn R. Jochanan beispielshalber ein solch altes Silberstück, einen Sela des Monunios, welcher leichter als ein tyrischer Sela war, anführt[82]). Das dritte Münzstück שֶׁל יְרוּשָׁלְמִית ist ein jerusalemischer Sela, und da er mit den leichten Stücken des Severus und Monunios vorkommt, so gehört er zu dem oben angeführten leichten Provinzialgelde, in welchem auch eine Münze Sela vorhanden war. Von derselben Art, im Werthe des Provinzialgeldes, wird nun auch der in der Mischna[84]) ohne weitere Vergleichung angeführte סֶלַע נֵירָנִית neronische Sela gewesen sein, da unter Nero die mit Absicht eingeführte Legirung der Silbermünzen beginnt, und es wohl auch solch verschlechterte Scheidemünze gab, indem unter Nero keine grossen Silberstücke von vollem Werthe eines Sela geprägt wurden. Von Nero's in Ephesus und Kaesareia geschlagenen Münzen sind nur silberne Drachmen und Didrachmen vorhanden[86]). Wir kommen jetzt zu den Einzelmünzen und beginnen mit den Goldmünzen.

IIa. Goldmünzen.

A. דרכון Dareiken.

Die Mischna[86]) giebt an, dass bei Abführung der einzuliefernden jährlichen Tempelabgabe (Schekalim) nach Jerusalem es erlaubt sei, diese eingegangenen Münzen des leichteren Transports wegen auf Dareiken (דרכניה) zu verwechseln. Die persische goldene Reichsmünze der Golddareiken war etwa 16,77 Gramme schwer[87]), während der halbe Silberschekel nur ein Gewicht bis höchstens 7,17 Gramme hatten, wie weiter unten gezeigt werden wird. Zieht man nun das Werthverhältniss beider Metalle, welches in älterer Zeit wie 1 : 10 angenommen wird, in Betracht, so ergiebt sich, dass die Tempelabgabe, in Gold abgeführt, über das 20fache leichter wurde, als in Silber. Schon oben pag. 11 wurde darauf hingewiesen, dass die Tempelsteuer, der jährliche Halbschekel, keine constante, sondern eine mit dem Geldwerthe wechselnde Abgabe war. Dort wird angeführt: „Als die Juden aus dem babylonischen Exil zurückkamen, bezahlten sie halbe Dareiken als Tempelsteuer". Wir haben hier zu bestimmen, welche Münze darunter gemeint sei, da es doch nicht der halbe Golddareiken, von den Griechen „στατὴρ Δαρεικός" oder „Δαρεικός" genannt, sein kann, denn dieser hatte ein Gewicht von 8,385 Gramm, welches in Silber etwa 83,85 Gramm wäre, eine Personalsteuer, die für die damalige Zeit als unmöglich angesehen werden kann. Nun gab es auch halbe Silberdareiken. 5,57 Gramm schwer, von den Griechen „medischer Siglos" genannt. Auch dieses Münzstück kann nicht darunter verstanden sein, da sein Gewicht ein geringeres, als das Halbschekelgewicht ist, und eine leichtere Münze als der Halbschekel für Tempel-

[82]) Mommsen a. a. O. pag. 392. Anmerk. 83 und pag. 395.

[84]) Kelim XVII, 12. Tosifta Baba mezia 2. Talmud Baba mezia 25, b. Vergl. Bechoroth 38, a., wo dieser Neronische Sela grösser, als der gewöhnliche angegeben wird; auch dies deutet darauf hin. dass er stark legirt war.

[86]) Mommsen a. a. O. pag. 707 f.

[86]) Schekalim II, 1.

[87]) Mommsen a. a. O. pag. 9.

steuer nicht abgeführt werden durfte; denn als der Halbschekel die gangbare Münze war, wollte man die Hälfte desselben, einen Denar, als Steuer geben, welcher aber, da sein Gewicht natürlich geringer als das eines Halbschekels ist, nicht angenommen wurde[**]). Es kommt nämlich hierbei, wie schon erwähnt, nicht darauf an, dass die Steuer ein Halbstück sei, sondern dass die einzuliefernde Münze kein leichteres Gewicht als der ursprünglich eingeführte Halbschekel habe. — Beiläufig sei bemerkt, dass der dort für die Richtigkeit der Nichtannahme des Denars als Tempelsteuer angeführte Beweis, nämlich „Nehemias habe den dritten Theil eines Schekel als Beitrag für das Gotteshaus bestimmt", erst dann Beweiskraft erhält, wenn man annimmt, dass diese von Nehemias eingeführte Steuer gewiss dem im 2. Mos. 38, 26 ff. bestimmten Halbschekel entsprochen. Man kann hieraus schliessen, dass das Gewicht des mosaischen Schekel zu dem in der Zeit des Nehemias sich wie 2 zu 3 verhielt, wodurch der Nehemias'sche Drittelschekel dem mosaischen Halbschekel gleich wird. Dass aber eine Vergrösserung der Gewichte überhaupt im Laufe der Zeit stattgefunden habe, ist schon oben Seite 11 besprochen worden. — Die Angabe der Mischna, dass Dareiken zum Gotteshause eingeliefert wurden, lässt sich dennoch auf eine Goldmünze beziehen. Es finden sich nämlich unter dem persischen Reichsgolde nur Ganz- und Halbstücke von dem oben erwähnten Gewichte. Die Münzen der Satrapen und die aus griechischem Golde auf Dareikenfuss gemünzten Stücke hingegen bieten kleinere Nominale dar. Die nächstkleineren sind Viertel, bis zu einem Gewichte von 4,3 Gramm, welche aber als Halbstücke angesehen wurden, da das eigentliche Halbstück wie erwähnt den Namen δαρεικός hatte, und diese Viertel daher halbe Dareiken hiessen. Jedoch sind wohl diese schwerlich zur Tempelsteuer verwendet worden, da sie einem Silberwerthe von 43 Gramm entsprechen, welcher Werth etwa 6 Halbschekeln gleich ist, und mithin eine sechsfache Steuer betragen würde, was nicht anzunehmen ist. Da es aber nicht Halbstücke sein mussten, so hat man unter den kleineren Münznominalen zu suchen. Es finden sich dort wirklich Goldmünzen im Gewichte von 0,82 Gramm, welche im Silberwerthe 8,2 Gramm gleich sind und dem Halbschekelgewichte fast entsprechen[**]), mithin die als Tempelsteuer verwendete Münze sein dürften. Ausser bei diesen Tempelabgaben sind auch im Verkehr die Golddareiken erwähnt; so in der Mischna[**]), wo beispielsweise bei der Besprechung der angegebenen Summe eines Wechselformulars der Dareikos als Münze angeführt ist, und zwar dem Zusammenhange nach als Goldmünze, da die Münzen aus anderen Metallen dort schon vorher angegeben werden.

B. רינר זהב Golddenar.

Der Golddenar wird in der Mischna entweder mit זהב oder mit רינר זהב bezeichnet, im Talmud oft auch in der Pluralform durch רינרין ausgedrückt[**]). Sein Werth wird indirect in der Mischna[**]) angegeben, indem bei einer Vertheilung von 200 Silberdenaren an drei Frauen gesagt wird, die eine erhält 50 Denare und je eine der beiden anderen 3 Golddenare (כלישה ש׳ זהב), d.

[**]) Jerusalemischer Talmud Schekalim 46, 4.
[**]) Mommsen a. a. O. pag. 9 ff.
[**]) Baba bathra X, 2.
[**]) Mischna Baba mezia IV, 1. VIII, 8. Schebuoth VII, 1 u. s. w. Tosifta Schekalim 3. Tractat Baba bathra 166, a.
[**]) Kethuboth X, 4.

18

h. der Golddenar ist 25 Silberdenaren gleich[85]). Der Talmud[86]) spricht direct aus, ein Silberdenar ist der fünfundzwanzigste Theil des Golddenars. Der jerusalemische Talmud[87]) setzt 8 Golddenare 200 Silberdenaren gleich. Auch der Sprachgebrauch verstand unter der Münze רהב den Golddenar, denn die Mischna[88]) führt an „Wenn Jemand eine Goldmünze (רהב) für den Tempelgebrauch gelobt, so muss er einen Golddenar geben". Noch ein anderer Werth des Golddenars wird von der Mischna[89]) angegeben „Wenn Jemand einem Boten einen Golddenar giebt mit dem Auftrage, für ihn ein Hemd zu kaufen, und er kauft für 3 Selaïm ein Hemd und für 3 Selaïm ein Kleid" u. s. w. Wir sehen hieraus, dass der Bote den Golddenar für 6 Selaïm oder 24 Silberdenare ausgegeben habe. Denselben Werth giebt der jerusalemische Talmud[90]) an „Ein Silberdenar ist der 24ste Theil eines Golddenars". Das zuerst angeführte Verhältniss des Golddenars zum Silberdenar, wie 25 : 1, hat seine Quelle in einem üblichen Agio, welches beim Verwechseln der Silberdenare auf Golddenare an den Wechsler gegeben werden musste. Diese Zugabe wurde mit in den eigentlichen Werth hineingezogen und daher ein Golddenar 25 Silberdenaren gleichgesetzt. Aus mehreren Stellen im Talmud ist nämlich ersichtlich, dass man beim Einliefern der Tempelsteuer dem Wechsler eine Zugabe, קוֹלְבּוֹן κόλλυβος, für jeden halben Schekel einen halben Maah geben musste, d. h. bei 12 halben Schekeln, gleich 24 Denaren, musste man 12 halbe Maah = 6 Maah = 1 Denar als Zuschlag zahlen, mithin, um einen Golddenar einzuwechseln, statt 24 Denare 25 geben.

Es wurde oben erwähnt, dass das gewöhnliche Verhältniss des Goldes zum Silber in alter Zeit wie 10 : 1 angenommen wurde. In den talmudischen Quellen ist hierüber nichts Ausdrückliches erwähnt, jedoch lässt sich ein anderes Werthverhältniss aus Nachstehendem entnehmen. Aus den angeführten Denar-Verhältnissen, 25 : 1 oder 24 : 1, kann man nicht auf das Werthverhältniss des Goldes zum Silber schliessen. Man muss vorher eine Angabe über die Anzahl der Denare feststellen, welche von jedem der beiden Metalle aus einer und derselben Quantität, z. B. aus einem Pfunde, geschlagen wurde; eine Angabe, die in den talmudischen Quellen nicht vorhanden ist. Dass überhaupt der Golddenar nicht gleiche Dicke mit dem Silberdenare hatte, deutet der Talmud dadurch an, dass bei gewissen Bestimmungen ausdrücklich die Dicke des Denars oder des Golddenars als Maass angegeben wird[91]). Es bestimmt sich aber der Gold- zum Silberwerth aus Folgendem: Der jerusalemische Talmud[92]) erwähnt in einer Stelle, deren Erklärung wir weiter unten geben werden, dass ein Golddenar in Palästina 2000 Peruta gelte. Vergleicht man hiermit die Werthangabe des Silberdenars der Kaiserzeit in Peruten, nämlich ein Silberdenar sei 192 Peruta gleich[93]), so entsteht das Verhältniss des Goldes zum Silber wie 2000 : 192 = 10,42 : 1. Hierbei wird vorausgesetzt, dass der im jerusalemischen Talmud angegebene Golddenar mit dem Silberdenare von einerlei Gewichte

---

[85]) Vergl. Mischna Baba kama IV, 1. Tosifta Maaser Scheni 5.
[86]) Baba mezia 44, 2.
[87]) Schebuoth 37, 1.
[88]) Menachoth XIII, 4. und Talmud zur Stelle.
[89]) Meïla VI, 4.
[90]) Kidduschin 58, 4.
[91]) Jerusalem. Talmud Chagiga 79, 4. בְּעוֹבִי דִינַר וּנְהָדְרִין. Erubin 19, a. Chagiga 27, a. Chelim 59, b. בְּעוֹבִי דִינַר דָהָב.
[100]) Maaser Scheni 54, 4.
[101]) Jerusalem. Talmud Kidduschin 58, 4. Babyl. Talmud Kidduschin 12, a. Baba mezia 44, b.

war. Es kann hier nicht der Golddenar der Kaiserzeit darunter verstanden sein, denn dieser hatte eine fast doppelte Schwere gegen den Silberdenar der Kaiserzeit, mithin konnte jener Golddenar unmöglich 2000 Peruta enthalten, während der Silberdenar deren 192 hatte, denn dies würde ein Verhältnis des Goldes zum Silber etwa wie 5,21 : 1 hinstellen. Der jerusalemische Talmud [151]) kann daher hier unter דינר nur entweder ein ganz altes römisches Goldstück, welches fast dasselbe Gewicht wie der römische Silberdenar hatte, verstehen [152]), oder sollte es der Golddenar der Kaiserzeit sein, dann sind die Peruten des Golddenars Doppelperuten, welche auch oft Peruta genannt wurden [153]). Ein fast damit übereinstimmendes Verhältnis erfolgt bei Mommsen für die Zeit von Nero bis Trajan. Mommsen fand nämlich das Verhältnis 10,31 : 1 bei der Annahme, dass das Normal-Verhältnis des Golddenars zum Silberdenare wie 25 : 1 besteht, und dass ein römisches Pfund Silber 96 Silberdenare, ein römisches Pfund Gold 45 Golddenare liefert. Das Werthverhältnis des Golddenars zum Silberdenare kann daher nur so gedacht werden, dass der Golddenar etwas mehr als doppelte Schwere gegen den Silberdenar hatte, was auch wirklich bei den römischen Gold- und Silberdenaren der Fall ist [154]). Ueber ein anderes Verhältnis wie 12 : 1, welches wohl für die talmudische Zeit nicht angemessen ist, vergleiche Tosafoth Bechoroth 50, a [155]). Nun wäre noch eine Sorte von Golddenaren zu erwähnen, die der babylonische Talmud an einigen Stellen, welche einer Erklärung bedürfen, anführt. Im Talmud [156]) wird discutirt, in welcher Münze man das dem Priester zu entrichtende Geld bei der Geburt eines erstgeborenen Sohnes zu zahlen habe [157]). R. Jochanan giebt Golddenare an, für welche man 25 Silberdenare erhält. Einen solchen Golddenar kann man für jenes Auslösegeld geben und bekömmt 5 Silberdenare darauf heraus. Die Stelle lautet [158]) „דרייסא חזי רבי יוחנן איבד דינר אינ הדרייסא שירסא רמבוא בכסים חזישה דהיה, R. Jochanan sagt, die Denare שירסא אינא הדרייסא, welche man für 25 Suz verkauft". In den Worten הדריא und סריא findet man leicht Hadrian und Trajan wieder; aber שירסא hat keinen analogen für jene Zeit passenden Eigennamen. Es ergiebt sich jedoch eine Erklärung durch Folgendes: Plinius (Hist. nat. 33, 3. 47.) giebt an, dass die früheren römischen Kaiser das Goldstück allmälig verringert, Nero dasselbe auf 1/45 Pfund = 7,28 Gramm herabgebracht habe. Es wird von Mommsen [159]) nachgewiesen, dass dies nur ein durch Abknappen entstandenes Gewicht war, welches auf den Cours Einfluss hatte, aber keinesweges eine förmliche Reduction des Normal-Gewichtes zur Ursache hatte. Das Gewicht steigt dann wieder unter Domitian und erstreckt sich bis auf die ersten zwei Jahre Trajan's; später hat dieser Kaiser, so auch Hadrian etwa wie Nero gemünzt.

---

[151]) Maaser Scheni 54, 4.

[152]) Mommsen a. a. O. pag. 405, Anmerk. 124.

[153]) Thomas Goodwin Moses et Aaron pag. 905, der für פרוטה im Syrischen octavam assarii partem angiebt, der פרוטה nach Tractat Kidduschin 12, a. aber zwei Peruta gleich war.

[154]) Auch der jerusal. Talmud Ketuboth 31, 4. giebt die Grösse des Gordianischen Denars gleich der Hälfte eines Golddenars an.

[155]) s. v. בורדיא. Baba mezia 44, b. Tosafoth s. v. איזה. Ketuboth 99, b. Tosafoth s. v. קרן. Schebuoth 41, b. Tosafoth s. v. דינרזהב. Sabbachim 116, b. Tosafoth s. v. גבי.

[156]) Bechoroth 50, a.

[157]) 4. M. 18, 16.

[158]) Andere Lesarten sind: סריא, הדריא, סריא, סרריא, סדריא, אסרא, סרא, דסא, שיראא.

[159]) s. a. O. pag. 753.

Um das Jahr 107 der üblichen Zeitrechnung zog Trajan die alte Münze ein und gab dafür neue aus. Diese hatte das Gepräge der alten republikanischen Denare, mit einem Restitutionsvermerk von Trajan versehen. Jene älteren Denare wurden dabei nicht ausser Cours gesetzt, es wird nur als Ursache dieser Umprägung die Verschliffenheit des Gepräges angegeben. Diese Restitutionen sind sowohl in Gold als in Silber geschehen, von letzterem in grösserer Zahl, als von ersterem[111]). Wir halten nun dafür, dass R. Jochanan hier zwei Denarsorten angeben will, und zwar unter דינרא דרייסא will er verstanden wissen hadrianische Golddenare und unter דינרא שיא שיא שיא trajanische goldene Restitutionsdenare, d. h. Golddenare, welche wegen Verschliffenheit des Gepräges von Trajan umgeprägt wurden. (R. Tam zur Stelle und Raschi zu Aboda Sara 52, b. erklären das Wort שיא auch durch צדיקא שיבה). Da man für diese beiden Sorten Golddenare, obschon sie leichter als die alten Denare waren, dennoch 25 Silberdenare zahlte, so durften solche als Auslösegeld für einen erstgeborenen Sohn benutzt werden, und zwar erhielt man bei Einzahlung eines solchen Golddenars 5 Silberdenare heraus. Durch diese Erklärung ist das Auffallende, dass Hadrian vor Trajan genannt wird, beseitigt; denn würde die Stelle lauten: דינרא שיא שיא הדרייסא so wäre dies doppelsinnig, indem man auch שיא auf הדרייסא hatte beziehen und lesen können שיא דינרא und דרייסא שיא. Analog lässt sich vielleicht dieselbe Stelle mit einem Zusatze auf derselben Seite des Talmuds und im Tractat Aboda Sara 52, b. erklären. Abaji giebt nämlich an הדרייסא שיא שיא בקסי לנת דינרא הדרייסא שריא שיא ביצי טבעי של ירושלים יבי, Man wollte die Denare שיא שיא wegen der jerusalemischen Prägung vernichten[*]. Die trajanische Gold- und Silber-Restitutionsdenare und die hadrianischen Denare waren in Palästina gangbare Münze. Da nun die Römer wahrscheinlich das mit jerusalemischer Prägung versehene, für den Tempel bestimmte Geld in Besitz genommen hatten, wollten die Juden in der Bar-Cochba'schen Revolutionszeit durch Aussercourssetzung dieser trajanischen und hadrianischen Denare die Römer dazu bringen, dass sie das mit jerusalemischer Prägung versehene Geld wieder circuliren lassen, damit diese Münzen einzeln eingesammelt und für heilige Zwecke verwendet werden können. Es unterblieb aber aus dem dort Bechoroth 50, a. angeführten Grunde, dass mit der Besitznahme dieser Münzen sie ihren geheiligten Charakter eingebüsst hätten. Es wäre hier also eine Andeutung, dass der Talmud Münzen mit jerusalemischer Prägung aus der hadrianischen Zeit erwähnt[112]).

Zu den Kupfer- und Silbermünzen übergehend, fangen wir mit dem kleinsten Nominale an.

II b.   Kupfer- und Silber-Münzen.

A.   פרוטה Peruta.

Die Peruta wird als die kleinste Kupfermünze angesehen[113]). Ihr Gewicht ist nicht angegeben, sondern nur ihr Werthverhältniss zu einem höheren Nominale, dem איסר האיטלקי; sie wird

---

[111]) Mommsen a. a. O. pag. 738. 739.

[112]) Die ... קדסכם שאנה הטבח הטבח ed. Cassel pag. 40, a. statt ... ם ... verlert, ... aramaische Uebersetzung von ... דרeissiger Tisch, ... = ohne Embleme nur eine Legende, David und Salomo auf der einen Seite und auf der andern Seite Jerusalem, die heilige Stadt. Da diese Aufschrift im Talmud für die jerusalemische Prägung angegeben wird, so versteht der Talmud hier die mit gewissen Verzierungen versehenen jerusalemisches Denare.

[113]) Vergl. Baba bathra 166, a. ... Goldperuta's werden nicht geprägt, und Ketuboth 110, b. ... Silberperuta's werden nicht geprägt. Ueber die im Talmud Baba bathra 165, b.

nämlich in der Mischna[16]) als der achte Theil desselben, und an einer anderen Stelle des Talmud[16]) als der sechste Theil desselben hingestellt. Der איסר ist wiederum auf ein höheres Silberstück, den Silberdenar, als der vierundzwanzigste Theil desselben, und dieser auf den Golddenar, als dessen vierundzwanzigster oder auch fünfundzwanzigster Theil, bezogen. Zwischen diesen Münzstücken sind noch andere eingeschaltet, welche hier noch besprochen werden sollen. Drückten diese Zahlen die Gewichtsverhältnisse der drei Metalle Gold, Silber, Kupfer aus, dann wäre ein Mittel geboten, mit Zuhilfenahme einiger anderer Daten das eigentliche Gewicht der Peruta zu finden, indem das Gewicht des römischen Denars auch in seiner Veränderlichkeit bekannt ist. Da wir aber oben Seite 18 gesehen, dass Gold zu Silber sich nicht wie 24 oder 25 : 1 verhält, da ferner איסר ראשלתי wegen bald zu erwähnender Umstände als das römische As, welches anfangs etwa $\frac{1}{12}$, in der späteren Zeit $\frac{1}{6}$ und niemals $\frac{1}{4}$ römischem Denar gleich war, angesehen wurde, so lässt sich aus den oben angeführten Angaben auf das Gewicht der Peruta nicht schliessen. Durch folgende Bezichungen kann man aber Werth und Gewicht derselben bestimmen. Es sind nämlich zwischen Issar (איסר) und Peruta (פרוטה) eine Sorte Kleinmünze, eine andere Sorte zwischen Maah (מעה) und Peruta (פרוטה) eingeschaltet, durch deren Auswerthung man auf die Peruta (פרוטה) zurückschliessen kann. Wir wollen nun diese Kleinmünze und ihren Werth in dem nächst grösseren und kleineren Münznominale aufführen. Die Tosifta und der Talmud[16]) geben für die erste Sorte folgende zusammenhängenden Münzgleichungen an: 1 דינר = 6 מעה בכף, 1 מעה = מעה בכף, 1 מעה = 2 פונדיון, 1 פונדיון = 2 איסר, 1 איסר = 2 מסמס, 1 מסמס = 2 קנטרונק, 1 קנטרונק = 2 פרוטה. —

B. קנטרונק Teruncius.

Die Tosifta[17]), der babylonische Talmud[18]) und der jerusalemische Talmud[19]) setzen einen קנטרונק gleich zwei פרוטה und gleich einem halben מסמס. Das römische Gewichtspfund, welches im Gelde ursprünglich dem As, das ein Pfund war, entspricht, wird in zwölf Unzen getheilt, und jede Anzahl Unzen von eins bis elf inclusive wird mit einem besondern Namen belegt. Unter diesen wollen wir den Quadrans oder Teruncius = $\frac{1}{4}$ As = 3 Unzen hervorheben. Der Teruncius wird im Griechischen Τρισύγκιον heissen. Dass קנטרונק dem Τρισύγκιον gleich ist, unterliegt keinem Zweifel, weil, abgesehen von dem Gleichlauten dieser Worte, auch der Werth des קנטרונק als eines halben מסמס mit dem Werthe des Τρισύγκιον als einem halben Semis übereinstimmt, da wir weiter unten im מסמס den Semis finden werden. Die überflüssige Vorsilbe קנ kann wohl keine Abkürzung von κοινός (gemein) sein, und einen Gegensatz zu einem silbernen Teruncius der früheren Zeit ausdrücken, denn dieser, wenn überhaupt ein solcher vorhanden[20]), war doch

---

auf die Frage חרשש חרשם gegebene Antwort ולא מני פ״של רנבכאת באר״ת, welche der in Ketaboth 110, b. gegebenen widerspricht, vergl Tosafoth Baba bathra 165, b. a. v. ואם.

[16]) Kiddaschin l. l.

[16]) Kiddaschin 12, a.

[16]) Baba bathra 5. Dabyl. Talmed Kiddaschin 12, a. Jerusalemischer Talmed Kiddaschin 58, 4.

[16]) Baba bathra 5. קרבהיס Plural קרבהים.

[16]) Kiddaschin 12, a. קנטרונק Plural קנטרונקן.

[16]) Kiddaschin 58, 4. קרדיונה Plural קרדיונסכ = Κοδράντης = Quadrans.

[16]) Boekh a. a. O. pag. 453.

so alt, dass man schwerlich einen Zusatz zu einem Münzensdrucke machen musste, um ihn von einem anderen gleichlautenden, der in so alter Zeit gebräuchlich war, zu unterscheiden. Näher liegt wohl, dass der Zusatz durch eine Verwechselung mit dem oft vorkommenden קמיץ entstanden ist [101]. Hieraus folgt im Allgemeinen, da 1 Peruta = ½ Teruncius, 1 Teruncius = ⅛ As, dass eine Peruta einem Achtel As gleich ist, und man hätte nur die Abnahme des Libralas zu verfolgen, um daraus das Gewicht und den Werth der Peruta für jede beliebige Periode der talmudischen Zeit zu bestimmen.

C. כסים Semis.

Der כסים wird in der Tosifta, im babylonischen Talmud [102], jerusalemischen Talmud [103] als ein halber איסר und als zwei קסירוגן ausgewerthet. Da sich der איסר für das römische As ergeben wird, und der קסירוגן für den römischen Teruncius ergeben hat, so wird der כסים dem Werthe nach der Semis sein. Ohne die Form des Wortes weiter ändern zu müssen, ist es von ἡμίσυμα, die Hälfte, abzuleiten. Vergl. jerusalemischen Talmud אוֹתוֹ הכסי את לכמיבו, סלוֹן לבבינו [104] und Midrasch Rabba הכים בבדיבר רבן אכרי הבימס חצי חבני וחצי סים [105].

D. איסר Ἀσσάριον, As.

„Durch die römische Herrschaft wurde das römische Münzgewichtpfund, obgleich daneben noch andere, namentlich griechische, in Rom und Italien bestanden, das allgemeine italische. Italische und römische Litra ist daher den Metrologen der Kaiserzeit einerlei. διλιτρον Ἰταλικόν, τρισέγμιον Ἰταλικόν bezeichnet römisches Gewicht auch in den Inschriften der Gewichtsstücke." [106] Nun wird der איסר an mehreren Stellen des Talmuds erwähnt, er aber auch noch mehreremale mit dem Beinamen איסלקי (Italica) belegt [107], so dass wir hier eine römische Münze vor uns haben. Da aber im Talmud dieser איסר einerseits einem halben סניריח (Dupondium) und andererseits zwei כסים (Semis) gleichgesetzt wird [108], so ist nicht daran zu zweifeln, dass hier das römische As gemeint sei, und zwar ist איסר eine Abkürzung des griechischen Assarion, und sollte daher Assar und nicht Issar gelesen werden. Das Auffallende hierbei ist, dass der Denar 24 Assar gleichgesetzt wird, während im ganzen Verlaufe des Bestehens Rom's der Denar in seiner ersten Ausprägung wie bekannt etwa 10 As gleich und später, als das Uncialas eingeführt, 16 As gleichgesetzt wurde. Bei der noch späteren Reduction des As blieb dennoch der Denar 16 As gleich. Diese Anomalie rührt nicht von einem verschiedenen Münzfusse her, sondern hat nur eine rein

---

[101] Schilte Hagibborim pag. 94. b führt קּ״מ״ף statt קסירוגן an.
[102] Tosifta Baba bathra 5. Babylonischer Talmud Kiddaschin 12, a.
[103] Kiddaschin 54, 4.
[104] Maasroth 48, 4.
[105] pag. 92. b. Vergl. Mussafia s. v. כסים.
[106] Boekh a. a. O. pag. 872.
[107] Mischna Kiddaschin I, 1. Baba mezia IV, 5. Edujoth IV, 7. Bechoroth IV, 5. Erachin VIII, 1. Mikwaoth IX, 5. Cholin III, 2. Tosifta Maaser Scheni 3 und 4. Tosifta Baba bathra 5. Talmud Kethboth 75, a. Jerusalemischer Talmud Kethboth 31, 3. Kiddaschin 58, 4. Sifri bl fine 296. Schir Haschirim Rabba pag. 2, b. s. a. w.
[108] Mischna Baba bathra V, 9. Talmud Kiddaschin 12, a. Jerusalem. Talmud Kiddaschin 58, 4.

locale Ursache. In Palästina gehörte nämlich das Silber zu den selteneren Metallen, und hatte der selteneren Circulation wegen gegen das Kupfer einen höheren Werth, als im Auslande, mithin das Silbergeld einen höheren Cours, als das Kupfergeld. Dieser Werth des Denars von 24 As war noch nicht die grösste Anzahl von As, die man für einen Denar erhielt. Aus dem Talmud[109] ersieht man, dass, durch Coursschwankungen veranlasst, der Denar auch 32 As gegolten hat. Diese letztere Coursschwankung wird im jerusalemischen Talmud[110] von zwei entgegengesetzten Standpunkten angesehen. Der eine lässt sie durch Steigen oder Fallen des Silberpreises, während das Kupfer einen festen Preis behält, der andere durch Steigen oder Sinken des Kupferpreises, während das Silber einen festen Preis behält, entstehen. Dass der Denar aber unter 24 As stehen sollte, kommt nirgends vor. Es war dies daher ein normirter Preis, unter welchen wegen des besondern geringen Vorhandenseins des Silbers niemals gegangen wurde, so dass das Silbergeld über seinen Nominalwerth stieg.

E. פונדיון Dupondium.

Die Mischna[111] giebt den Werth des Pondion in folgender Weise an „Wenn jemand einen Assar als Auslösegeld für „zweites Zehnt“ hinlegt und darauf für einen halben Assar verzehrt, dann aber an einen andern Ort hingeht, wo für einen Assar ein Pondion gezahlt wird, so kann er für noch einen Assar „zweites Zehnt“ essen“, da der örtliche Werth als Norm betrachtet und die Hälfte, die er verzehrte, als die Hälfte des jetzigen Werthes angesehen wird. Daraus geht hervor 1 Pondion = 2 Assar. Dieselbe Gleichung geben auch die Tosifta[112] und der Talmud[113] an. Da nun das römische Dupondium auch 2 As hatte und die Mischna[114] das Pondion auch פונדיון האיסר nennt, so findet man das Pondion im römischen Dupondium wieder.

F. מעה כסף Silbermaah.

Die Mischna[115] sieht die Preiserhöhung einer Waare auf den sechsten Theil des Kaufwerthes als verbotene Uebervortheilung an und drückt dies aus „Die Uebervortheilung findet beim Werthe eines Sela statt, wenn sie 4 Silberstücke, von denen 24 in einem Sela enthalten sind, beträgt“. Ferner haben die Tosifta[116] folgende Stelle „Wie viel darf ein Sela leichter sein, dass es noch nicht beim Ausgeben desselben als Uebervortheilung erscheine. R. Meir sagt, der Sela kann um 4 Assar leichter sein, je 1 Assar auf einen Denar“. Hieraus folgt, 1 Sela = 24 Silberstücke, 1 Sela = 4 Denare, also 4 Denare = 24 Silberstücke und 1 Denar = 6 Silberstücke. Da aber die Tosifta[117] und der Talmud angeben, 1 Denar = 6 Silbermaah, so ist

---

[109] Kiddushin 12, a.
[110] Kiddushin 58, 4.
[111] Maaser Scheni IV, 8. רמינא אדכי אכל עלה רצי נתל לתקת אחר הרי הא יתא בסרדין אכל עלי עד איכי
[112] Maaser Scheni 4.
[113] Kiddushin 12, a. Jerusalem. Talmud Kiddushin 58, 4.
[114] Kelim XVII, 12.
[115] Baba mezia IV, 3.
[116] Maaser Scheni 3 Mischna Baba mezia IV, 5. Sifra Behar 3.
[117] Baba bathra 5. Talmud Kiddushin 12, a. Jerusalem. Talmud Kiddushin 58, 4.

24

unter den in der Mischna oben angeführten Silberstücken die Silbermünze Maah verstanden, von welcher also sechs auf einen Denar gehen. Der Talmud[146]) giebt 1 Maah = 2 Dupondien an. Es ist die Münze Maah eine Silbermünze, die manchmal auch bloss schlechthin מעה genannt wird, z. B. Mischna Baba mezia IV, 7. Der Jerusalemische Talmud[147]) sieht die Münze Maah als die kleinste Silbermünze an הין כחב בכא בשר. Da ein Maah einem Sechstel Denar gleich ist, so wird sie auch דנקא = *dwráng* = Obolos (gleich dem sechsten Theile der Drachme) genannt[148]). Die Differenz zwischen ⅛ und ⅙ = 1/24 wird durch דנקי חלבי einen halben דנקא angegeben[149]). Im Talmud[150]) wird auch der sechste Theil eines Streitobjects דנקא genannt.

G. דינר Denar.

Als eine sehr im Verkehr circulirende Silbermünze wird der Silberdenar דינר כחב oder דינר an vielen Stellen angeführt. In der Mischna[151]) wird er als der vierte Theil eines Sela angegeben, nämlich „Wenn Jemand einen Sela vom „zweiten Zehnt" in Jerusalem verwechseln will, so darf er ihn nur für 3 Denare Silbergeld und einen Denar Kupfergeld verwechseln". Dass der Denar sechs Silbermaah gleich war, ist schon gesagt worden. Die Mischna und die Gemara brauchen auch für Denar den Ausdruck Sus (זח). Der Targum zu Samuel I, 9. 8. giebt רבע שקל כחף, welches ein Denar ist, durch חי זכחב wieder. Die Pluralform von דינר כחב wird auch durch דינרין angegeben. Vergl. Mischna Keritoth I, 7. Tractat Baba bathra 166, a.

H. שקל Schekel.

Der Schekel wird zwei Denaren gleich angesehen[152]) und auch, wie oben bei den Gewichten angeführt wurde, dem halben Sela gleichgesetzt[153]). Dass dieser Schekel, der eigentliche ursprüngliche halbe Schekel, die gangbare Münze war, geht daraus hervor, dass man eben in diesem Nominale die Steuer für den Tempel abgeführt und dass der Halbschekel auch den Namen מבעה (Münze) hatte, ein Ausdruck, der den allgemeinen Gebrauch dieses Halbschekels constatirt[154]).

J. סלע Sela.

Der Sela, eine sehr oft vorkommende Münze, wird zwei Schekeln oder vier Denaren gleichgesetzt[155]). Hier ist über den jetzt üblichen Werth der 5 Selaim reines Silber, welche nach der Geburt eines erstgeborenen Sohnes dem Priester zu entrichten sind, Folgendes zu bemerken. R. Isaak Alfasi (ריף)[156]) giebt das Gewicht einer Peruta in der kleinsten Gewichtseinheit beim

---

[146]) Kidduschin 12, a. Jerusalemischer Talmud Kidduschin 58, 4.
[147]) Kidduschin 58, fl.
[148]) Talmud Baba mezia 60, b. Baba bathra 146, b. Raschi z. v. דנקא. Sebachim 48, a. Bechoroth 11, a.
[149]) Sabbath 35, a.
[150]) Jebamoth 38, a. Vergl. Bechoroth 50, a.
[151]) Maaser Scheni II, 9.
[152]) Baba mezia 52, a.
[153]) Maaser Scheni II, 8 und 9. Vergl. Seite 9.
[154]) Mischna Schekalim II, 4.
[155]) Maaser Scheni II, 8. 9. und an mehreren anderen Stellen.
[156]) Kidduschin c. l.

arabischen Gelde als ein halbes Habba (חבה — granum — Gerstenkorn) an. Ein Sela wird also 768 halbe Habba — 384 Habba entsprechen. Denselben Werth führt Ascheri (ר"אש) [149] im Namen der Geonim an, nämlich 5 Selaïm sind 1920 Gerstenkörnern gleich. Die Gewichtsangabe dieser Gerstenkörner nach den in Deutschland üblichen Gewichtsnominalen wird zuerst in den Rechtsgutachten des כהרב מהרי"ק angeführt. Dort wird das Gewicht auf 5 Loth 1 Quentchen bestimmt [150]. Diese 5 Loth 1 Quentchen preussisches Altgewicht geben 4,604 Loth Neugewicht, und dies würde, da, nach Anmerkung 6, ein Thaler 1 Loth Silber ist, etwa 4 Thlr. 18 Sgr. 2 Pf. ausmachen, wofür die runde Summe von 5 Thalern angenommen wird. Ein Sela würde hiernach ein Gewicht von 15,35 Gramm = 0,921 Neuloth haben. Nun hat sich oben Seite 5 das Gewicht des Sela (Schekel) höchstens auf 14,34 Gramm = 0,8604 Neuloth ergeben; da man aber den Grad der Abnutzung der vorhandenen tyrischen Münzen nicht kennt, da ferner de Saulcy [151] maccabäische Münzen, die doch tyrische Währung haben, bis auf 14,65 Gramm angiebt, endlich arabische Tetradrachmen, die auf denselben Fuss geprägt sind, bis auf 15,20 Gramm sich vorfinden, wobei wiederum die Grösse der Abnutzung nicht bekannt ist, so muss man schon für die Praxis diese 5 Loth 1 Quentchen Altgewicht = 4,604 Loth Neugewicht in Silber und als runde Summe 5 Thlr. gelten lassen.

K. מנה Mine, μνᾶ und ליטרא Litra.

Die Mine und die Litra werden als 25 Selaïm ausgewerthet, und ist das oben über die Gleichheit der Mine und Litra als Gewicht Gesagte auch hier als Münze geltend. In der Mischna [152] und an mehreren Stellen des Talmud ist Mine = 100 Denare = 25 Selaïm angeführt. Ob es überhaupt ein Münzstück von der Grösse einer Mine oder Litra gegeben, ist nirgends angezeigt. Es scheint eher ein von den Gewichten hergenommener Ausdruck für eine bestimmte Summe von 100 Denaren gewesen zu sein. Vergl. R. Lippmann Heller zu Schebuoth VI, 3. s. v. שובל, dass auch die Litra keine Münze war.

Eine andere Münzreihe, die zwischen der Maah und Peruta liegt, ist noch anzuführen. In der Tosifta und im Talmud [153] werden von R. Simon ben Gamliel folgende Münzgleichungen ausgegeben: 1 כינה = 3 הרדס, 1 הרדס = 2 הינצ, 1 הינצ = 2 שבין, 1 שבין = 2 פרוטה. Wir werden hier von den grösseren zu den kleineren Münzstücken absteigen.

L. הרדס (הרדס) Hordeum.

Wie bekannt, hatte das römische Pfund 1728 siliquas (hordeum, κεράτια). Der Denar als der sechsundneunzigste Theil des Pfundes hatte daher 18 siliquas. Da nun hier 1 Maah = 3 הרדס, 1 Denar, der 6 Maah hat, = 18 הרדס ist, so wird הרדס die Bedeutung von siliqua (hordeum) haben

---

[149]) Bechoroth c. 8.
[150]) Citirt von ר"חד סימן חד בל"ח ח"ח סהרי"ק והו' עשמעה שם טורוש שם משמרה Vergl. Parchi Caftor waphérach ed. Edelmann, pag. 63, a.
[151]) Recherches sur la numismatique judaïque pag. 20.
[152]) Joma III, 7. Baba mezia V, 2. Schebuoth VI, 1, 2, s. s. w.
[153]) Baba bathra 5. Babylonischer Talmud Kidduschin 12, a. Jerusalemischer Talmud Kidduschin 58, 4.

4

und durch Umstellung des ר und ר, הרדם gelesen werden müssen[144]). Der Ausdruck Karat[145]) ist wohl auch aus diesem System hergenommen, und hat daher das römische Pfund 1728 Karat.

M. הינץ Ἐννεάς.

Das הרדם = 2 הינץ, d. h. 1 Denar = 18 הרדם = 36 הינץ, nun hatte aber der Denar auch 4 Sesterz, also 4 Sesterz = 36 הינץ, 1 Sesterz = 9 הינץ, 1 הינץ = ¼ Sesterz, es wird daher dieses הינץ die Bedeutung von ἐννεάς, ein Neuntel des Sesterz, haben[146]).

N. שמין Semuna.

Das הינץ enthält 2 שמין, d. h. 1 שמין = ½ הינץ = ⅛ Sesterz = ¹⁄₁₈ Denar. Durch die Neuntelmünzen wird man darauf geführt, dass in gleicher Weise wiederum kleinere Münzen als Achtel grösserer Münzen aufgefasst wurden und davon ihre Namen erhielten, so dass שמין seinem Werthe nach einem Achtel eines Neuntel Denars = ¹⁄₇₂ Denar entspricht. Die Tosifta[147]) hat die Pluralform שביעית; wie es überhaupt auch in den Maassen Achtel gab, so wird תביעא als ein solches Maass mehrere Male angeführt[148]). Das שמין wird auch als 2 Peruta ausgewerthet. Es wird daher die Peruta hier einem halben שמין, d. h. dem 144sten Theile eines Denars gleichgesetzt. Da nun hier 1 Peruta = ¼ Maali und 1 Maali = 4 Assar, so ist 1 Peruta = ¼ Assar. Oben fanden wir 1 Peruta = ⅛ Assar. Jene Beziehung ergiebt 1 Denar = 144 Peruta, diese 1 Denar = 192 Peruta. Diese Verschiedenheit gleicht der Talmud[149]) dadurch aus, indem er sie nicht einem veränderten Münzfusse, sondern einem Courschwanken des Assar zuschreibt. Er drückt dies aus דא ראיקר איסיר הא חזל איסירי י׳ d. h. der Werth des Denars war immer 192 Peruta, nur habe sich das Verhältniss des Denars zum Assar und dadurch das des Assar zur Peruta verschoben. Wenn nämlich der Werth des Assar gestiegen war, erhielt man für einen Denar 24 Assar, der Assar galt daher 8 Peruta. War der Werth des Assar gesunken, dann erhielt man für einen Denar 32 Assar, der Assar galt jetzt 6 Peruta, nun ist aber 8mal 24 = 6mal 32 = 192 Peruta. Noch ist zu erwähnen, dass für Peruta auch der Ausdruck כסף gebraucht wird[150]), ferner dass כית für פריט Kupfermünze, und für kleine Münzen auch פריט angewendet wird[151]). Fasst man nun zusammen, dass das איסלי אסלי mit סבוים, אסר אסלי כסבם und קתנתונא in einer solchen Verbindung steht, wie das römische Dupondium mit As, Semis und Teruncius, so haben wir hier römische Münzen vor und können auch den im Talmud erwähnten Denar als den römischen ansehen, der nur aus dem oben angegebenen Grunde ein anderes Verhältniss als der römische Denar zum As hatte.

---

[144]) Vergl. Musafia s. v. רר. Ersch und Gruber, Allgemeine Encyklopädie, zweite Section, 77. Theil, Artikel Juden, Seite 31.

[145]) Mischna Menachoth I, 2. Jerusalemischer Talmud Pea 31, 1. Baba mezia 9, 3. u. a. w.

[146]) Ersch und Gruber a. a. O.

[147]) Baba bathra 5.

[148]) Pesachim 109, a. Baba bathra 89, b. 90, a. Jerusalemischer Talmud Pesachim 37, a. Schekalim 47, 3. Aboda Sara 41, 1.

[149]) Kidduschin 12, a.

[150]) Baba mezia 102, b. חדרא שבה מעי.

[151]) Mischna Maaser Scheni II, 8. 9. Edujoth I, 10. Talmud Baba mezia 45, a. Baba bathra 165, b. Tosifoth s. v. אסר.

Die gegenseitige Beziehung dieser Münzen bleibt für die talmudische Zeit sowie für die römische Zeit ungeändert, nur die effectiven Werthe ändern sich für jene Periode in derselben Weise, wie dies in der römischen Zeit geschah. Der Golddenar lässt sich mit den Seite 21 aufgestellten Münzgleichungen in folgendem duodecimalen Zusammenhang darstellen:

$$1 \text{ Golddenar} = 2^{-1} . 12 \text{ Silbersela.}$$
$$= 2^{0} . 12 \text{ Silberschekel (Halbsela).}$$
$$= 2^{1} . 12 \text{ Denare.}$$
$$= 3 . 2^{0} . 12 \text{ Maah.}$$
$$= 3 . 2^{2} . 12 \text{ Dupondien.}$$
$$= 3 . 2^{4} . 12 \text{ As.}$$
$$= 3 . 2^{5} . 12 \text{ Semis.}$$
$$= 3 . 2^{6} . 12 \text{ Teruncien.}$$
$$= 3 . 2^{7} . 12 \text{ Peruta.}$$

Haben wir nun hier das vollständige System der römischen Zeit vorgefunden, so kommen in den talmudischen Quellen auch vereinzelte, dem römischen und griechischen Systeme entlehnte Münzen vor.

O. אסתירא Stater.

Der אסתירא wird in der gewöhnlichen Bedeutung des Stater im Werthe eines Sela, der 4 Denare hält, angeführt, grösstentheils aber erscheint er im Provinzialgelde einem halben Sus gleich, als dem achten Theile des Sela. Der Talmud[148] hat אסתירא מאה כסף, hier bedeutet כסף so viel als מדינה und es ergiebt sich, dass אסתירא, Stater, einem סלע מדינה, Provinzialsela, gleich ist. Ferner wird[149] ausdrücklich die Gleichung angegeben, der אסתירא ist einem halben Sus gleich. Auch wird berichtet[150], dass ein halber Sus sprichwörtlich אסתירא genannt werde[151]. In gleicher Weise wird angeführt[152], dass man gewöhnlich auch einen halben Sus einen Sela nenne, woraus folgt, dass סלע, Sela, und אסתירא, Stater identisch sind. Ueber den Werth des im Traktat Bechoroth 49, b angegebenen syrischen Stater אסתירא סרסיא vergl. die folgende Münze רניא.

P. רניא Ragia.

Der רניא wird im Talmud[153] als 3 Sus = 3 Denare oder drei Viertel eines Sela ausgewerthet und findet er dies auch in dem Wortspiel רניל הוא דניל הוא nämlich als das arithmetische Mittel zwischen 4 und 2 Denaren[154]).

[148] Baba mezia 102, b und Baba bathra 106, b.
[149] Ketuboth 64, a. Chulin 44, b. werden Provinzialselaim auch מדד סיסי genannt.
[150] Kidduschin 11, b.
[151] Vergl. Secca 22, b. Gittin 45, b. Baba bathra 166, b. ff.
[152] Bechoroth 50, b.
[153] Bechoroth 11, a.
[154] Dies Wortspiel muss wohl gelesen werden רני להוא רני להכא und der Sinn würde sein, die Waage müsse sich das Gleichgewicht halten, da der Targum Sprache 10, 11 für סלם Waage das Wort רניא hat.

28

Der Werth des רוב von drei Viertel eines Sela zeigt, dass diese Münze die Bedeutung eines Stater hat, denn R. Chanina erwähnt[168]) einen syrischen Stater אסתירא סוריא, welcher der achte Theil eines Golddenars ist, d. h. ⁸⁄₈ = 3 Silberdenare. Damit stimmen die zahlreichen Tetradrachmen von Antiochien überein. Das Korn dieser antiochischen Tetradrachmen ist nach und nach sehr verschlechtert worden, so dass die syrische oder antiochische Drachme, obschon auf den Münzfuss des republikanischen Denars geschlagen, dennoch im Course nur auf drei Viertel des Denars stand, daher das Tetradrachmon nur drei Denare galt[169]).

Q. דינרא קיסראה Kaesareischer Golddenar.

Der im Talmud[170]) als Geschenk für R. Juda Nasi erwähnte דינרא קיסראה ist ein Goldstück aus Kaesareia in Kappadokien. Von Augustus wurde nämlich für das gesammte römische Reich das römische Münzsystem bestimmt. Vielen griechischen Münzstätten wurde aber die Erlaubniss zur Prägung von Kupfergeld ertheilt und manchen Städten auch Silbermünzen zu prägen gestattet. Die einzige griechische Münzstätte aber, aus der man Goldstücke kennt, war die von Kaesareia in Kappadokien[171]). Es eignet sich daher ein solch altes Goldstück zu einem Geschenke, welches dem R. Juda Nasi überbracht wurde.

R. דינרא גורדיאנא. דינר גרדין Gordianischer Denar.

Der Talmud[172]) giebt für ein Grössenmaass den mehr als das As gekannten דינרא גורדיאנא an, und zwar denjenigen, welchen man unter der Ptolomedita'schen Kleinmünze findet. Raschi hält diese Münze für eine armenische. (Als Begründung dieser Meinung kann wohl gelten, dass Onkelos zu 1 M. 6, 5 das רורי ארדם durch סיר קור wiedergiebt. Vergl. das Targum Jonathan zu dieser Stelle.) Mussafia liest גרדין, dann wäre es ein Gordianischer Denar[173]).

Der Midrasch Rabba[174]) und der palästinensische Talmud[175]) geben als Maass die Dicke des Gordianischen Denars an.

S. דינרא ערבא Arabischer Denar.

Auch einen arabischen Denar führt der Talmud[176]) an, und worthet ihn in folgender Weise aus. .... רודי דהא עסרין מחקלי בזהקלי דינרא ראינן עסרין והבינא חר יתבני יסלע דקא d. h. 20 Denare sind 2⅞ + ¼ arabischen Denaren gleich. Die Erklärung dieser Gleichung giebt Raschi zur Stelle im Namen der Geonim, dass nämlich sieben der gewöhnlich im Talmud angegebenen Denare sehn arabischen Denaren gleich seien. Diese Interpretation stellt allerdings das nächste in ganzen Zahlen

) Bechoroth 49, b.
) Mommsen a. a. O. pag. 88 und 715 ff.
) Aboda Sara 6, b.
) Eckhel, Doctrina numorum veterum tom. III, pag. 187.
) Chulin 54, b.
) Vergl. jerusalemischen Talmud Kethuboth 31, d.
) pag. 173, c.
) Chagiga 79, d.
) Bechoroth 49, b. 50, a.

ausgedrückte Verhältniss dar, denn der gegebenen Gleichung gemäss entsprechen 7 Denare genauer 10,¹⁵ arabischen Denaren. Tossfoth zur Stelle s. v. רבי אסי versteht unter דינרא ערבא einen arabischen Golddenar, der 20 Silberdenaren gleich ist.

T. דרכמן Drachme.

Die Drachme wird Midrasch[¹⁷⁸] ohne weitere Vergleichung in der Pluralform דרבמין erwähnt. Es soll dies דרכמין δραχμη bedeuten.

U. לקן Λευκόν und אספר Asper.

Der palästinensische Talmud[¹⁷⁹] giebt den Werth eines Golddenars in folgender Weise an. Die Stelle lautet: כשהכי הוא אדם עד רביעית הך עבדא דינרא הוא בהרן אלפין הקן והוא בעי ביון הבשן ריבוא ומיסק ליה הוא בתרין אלפין וחמשן ריבוא. Hiernach ist ein Golddenar in einem Theile Palästina's 2000 Peruta, in einem andern Theile, Arbela, 2000 Peruta + 1 Leucon werth, so haben dort 250 Golddenare einen Werth von 500,000 Peruta, in Arbela aber 500,000 Peruta + 250 Leuca. Nun besagt diese Stelle ferner, dass man an 250 Golddenaren 2000 Peruta, als den vierten Theil des Mehrbetrages, in Arbela verdienen kann. Es müssen daher 250 Leuca = 8000 Peruta sein, d. h. 1 Leucon = 32 Peruta. Dieser Werth des Leucon führt auf die Bedeutung desselben und auf die Auswerthung einer andern Münze אספר, Asper. Es stellt nämlich die Mischna[¹⁸⁰] die verschiedenen Meinungen über das Quantum Kupfermünze auf, welche für einen Sela vom „zweiten Zehnt" in Jerusalem einzuwechseln erlaubt war. Diese Mischna hat verschiedene Deutungen erfahren. Unter allen wäre der von R. Abraham ben David aufgestellten der Vorzug zu geben, welche in dem einzuwechselnden Quantum auch eine abnehmende Werthreihe der Münzen findet. Die Mischna lautet[¹⁸¹] „Wenn jemand einen Sela vom „zweiten Zehnt" in Jerusalem auf Kleingeld verwechseln will, so erlaubt die Schule Schamai's, den ganzen Sela gegen Kleingeld zu verwechseln, die Schule Hillel's erlaubt, einen Schekel in Silber und für den zweiten Schekel Kleingeld zu nehmen. Ungenannte Gelehrte sagten: Man darf drei Denare in Silber und für einen Denar Kleingeld nehmen. Nach R. Akiba kann man drei und einen halben Denar in Silber und für einen halben Denar Kleingeld wechseln. R. Tarphon (Tryphon) erlaubt für 4 Asper Silber und für das Uebrige Kleingeld zu wechseln. Schamai untersagt das Verwechseln des Sela." R. Abraham ben David in seinem Commentar zu dieser Mischna setzt Asper = Maah und bezieht die Meinung des R. Tarphon auf den Denar, indem sich R. Tarphon an den Ausspruch des R. Akiba anschliesst; dieser lässt doch 3 Denare und einen Theil des vierten Denars in Silber wechseln, und R. Tarphon hat in Betreff des Theiles vom vierten Denar eine differirende Meinung. Während jener zu den drei Denaren noch einen halben Denar in Silber und einen halben Denar in Kleingeld zu wechseln erlaubt, lässt dieser zu den drei Denaren noch 4 Asper = 4 Maah

---

[¹⁷⁸] Threni 70, a
[¹⁷⁹] Maaser Scheni 51, 4.
[¹⁸⁰] Maaser Scheni 11, 9 und Edajoth 1, 10.

[¹⁸¹] הפורט סלע של מעשר שני בירושלים בית שמאי אומרים בכל הסלע מעות בית הלל אומרים בשקל כסף בשקל מעות בניח הכין לפני הכסס אומרים בשלשה דינרין כסף וברבע מעה רבי עקבא אמר בשלשה דינרין כסף וברביעית כסף וברביעית מעה רבי טרפון אומר ארבעה אספרי כסף רבי שמאי אומר יניחנה בחנות ואוכל כנגדה.

= $\frac{2}{3}$ Denare in Silber und nur 2 Asper = 2 Maah = $\frac{1}{3}$ Denar in Kleingeld umtauschen. Da nun Asper = *ἄσπρος* = weiss und לקן = *λευκόν* = weiss bedeutet, so ist ein Leucon = 32 Peruta = 1 Asper = 1 Maah, und 6 Maah = 192 Peruta = 1 Denar. Hiernach lassen sich die aufeinanderfolgenden Meinungen der beregten Mischna der Art darstellen, dass man erhält 1 Sela, $\frac{1}{2}$ Sela, $\frac{1}{4}$ Sela, $\frac{1}{8}$ Sela, $\frac{1}{16}$ Sela, oder in Denaren ausgedrückt 4 Denare, 2 Denare, 1 Denar, $\frac{1}{2}$ Denar, $\frac{1}{4}$ Denar sind erlaubt in Kleingeld umzusetzen. Hieran schliesst sich noch die Meinung des Schamai, der ein Wechseln des Sela gar nicht erlaubt, sondern die Bestimmung hinstellt: Man solle einen Sela in einen Laden hinlegen und einzeln Früchte zum Verbrauche bis zu seinem Betrage nehmen. — Vergl. Ducange Glossar. ad scriptores mediae et infimae graecitatis s. v. *ἄσπρος*.

V. טרפעיק *Τροπαϊκά*, Victoriatus.

Die Mischna[181]), die Tosifta[182]), Sifri[183]) und der Talmud[184]) führen diese Münze an, und werthet sie der Talmud dadurch aus, dass er sie dem אסתירא gleichsetzt, im Werthe = einem פלג מדינה = einem halben Sus. Der Name dieser Münze, der dem Worte *τροπαϊκά* entspricht, und ihr Werth, ein halber Sus = einem halben Denar, führen auf die Münze, die unter dem Namen Victoriatus bekannt ist. Ihre Prägung fällt wahrscheinlich vor 537 der Stadt Rom. Der Victoriatus zeigt den Jupiterkopf auf der Vorderseite und auf der Rückseite die das Tropäon kränzende Siegesgöttin. Hinsichtlich der Werthung desselben geht aus der Ueberlieferung hervor, dass die anfängliche von der späteren, welche den Victoriatus dem Quinar gleichstellt, verschieden war. Der Victoriatus ist keine Theilmünze des Denars, sondern gleich diesem ein Ganzstück. Ursprünglich war er 3,41 Gramm schwer, nach seiner Reduction hatte er 2,92 Gramm Gewicht. Eine merkwürdige Ueberlieferung über den Victoriatus ist vorhanden, dass diese Münze, obwohl eine römische und wie der Denar nach dem römischen Pfunde normirt, doch dem Denar gegenüber keinen gesetzlichen festen Cours gehabt, sondern Waare gewesen sei, wonach also niemand gezwungen werden konnte, für eine Schuld Victoriaten an Zahlungsstatt anzunehmen. Die authentische Bestätigung dieses Berichtes ist in den Münzen selbst gegeben, insofern das Werthzeichen in der älteren Zeit auf keiner wirklich römischen Münze mangelt, durchgängig aber auf dem Victoriatus. Illyricum wird als die Heimath des Victoriatus bezeichnet. In späterer Zeit wurde der Victoriatus sowohl mit als ohne Werthzeichen geprägt und sein Waarencharakter aufgehoben. Er wird dann dem halben Denar (Quinar) gleichwerthig, und heisst dieser im gemeinen Sprachgebrauch Victoriatus[185]). Dieser Ausnahmezustand der eben besprochenen Münze veranlasst die Frage des Talmuds כמה טרפעיק, worauf R. Scheschet die Erklärung abgiebt, dass er einem halben Denar, nämlich einem Quinar gleich sei.

---

[181]) Ketuboth V, 7.
[182]) Ketuboth 5.
[183]) Ki Seze 294.
[184]) Joma 35, b. Ketuboth 64, a. Gittin 45, b. Vergl. Ducange a. a. O. s. v. τροπαϊκόν.
[185]) Boeckh a. a. O. pag. 456 ff. Mommsen a. a. O. S. 300 f. 399 ff.

W. רובע Quinar.

Einen noch andern Ausdruck für den Quinar oder Victoriatus giebt die Tosifta[157]) und der Talmud[158]) an. Es durften nämlich abgenutzte Münzen nur bis zu einem gewissen Grade des Nichtvollgewichts als Münze bewahrt und ausgegeben werden, und zwar der Sela, bis er dem Schekel, und der Denar, bis er dem רובע gleich wird, weil bis dahin der Grad der Abnutzung des Münzstückes bemerkbar ist und für den Vollwerth von Niemandem angenommen werden wird. Es kann daher in diesem Falle kein Missbrauch vorkommen. Steigt aber die Abnutzung bis unter die Hälfte des ursprünglichen Gewichtes der Münze, dann konnte diese Münze für ein Halbstück ausgegeben werden, indem nicht daran zu erkennen ist, dass sie weniger als ein Halbstück sei, weil sie doch früher ein Ganzstück war und die Abnutzung der Art sein kann, dass sie dennoch gross genug sei, um mit einem Halbstücke verwechselt werden zu können (vergl. Raschi zur Stelle). Die Tosifta und der Talmud discutiren dort über den Werth des רובע, und es ergiebt sich, dass er einem halben Denar gleich sei. Die Parallelstelle im Sifri[159]) hat statt רובע den Ausdruck תרטיסקא, und er stimmt daher mit dem Talmud überein, dass רובע einem halben Denar gleich sei.

X. רבעא Sesterz.

Im Talmud[160]) wird dieser Ausdruck für ein Viertel des Denars, d. h. einen Sesterz angegeben[161]).

Y. טריסית Tressis.

In den Quellen[162]) wird diese Münze ohne weitere Vergleichung erwähnt. Sie wird aber in der Mischna zwischen Denar und Dupondium genannt, und ist wohl der römische Tressis = 3 As[163]). Die Tosifta[164]) führt überische und sepphorische Tressis an מריסת צורית סבדית.

Z. טרימסא Tremissis.

Das im Midrasch Threni[165]) bei Erwähnung des Verkehrs mit einem Athener genannte טרימסא ist die griechische Münze τριμήσιον, der Tremissis, welcher drei Viertel eines As beträgt[166]).

---

[157]) Maaser Scheni 3 und Baba mezia 3.
[158]) Baba mezia 52, a.
[159]) Ki Seze 294.
[160]) Baba bathra 166, b.
[161]) Vergl. Sifra Bmrie 3.
[162]) Mischna Schebuooth VI, 3. Tosifta Schebiith 6. Maaser Scheni 1. Baba mezia 3 und 4. Talmud Baba mezia 48, a. Sifri ki Seze 255.
[163]) Vergl. Musafia s. v. טריסה.
[164]) Maaser Scheni 4.
[165]) pag. 61, a.
[166]) Vergl. Musafia s. v. טרימס.

AA. פֿולר. פֿולרין, פֿולבא Follera, Follarion, Follis.

Unter Constantin dem Grossen kommt eine Rechnung nach Beuteln, φόλλις, vor. Der Beutel Gold drückt ein Pfund gemünzten oder ungemünzten Goldes aus. Der Beutel Silber ist 125 Milaresia, im Werthe ein Achtel Goldpfund angenommen. Der Beutel als Kupfergewicht hat den Werth von 250 neronischen Denaren. Der Beutel Kupfermünze entsprach wahrscheinlich 25 alten Denaren. Wie viel Kupferstücke er enthielt, ist nicht bekannt. Man unterscheidet den grossen und den kleinen Follis. Jener bedeutet den Sack Kupfergeldes, dieser das Sackstück. Man versteht auch unter Follis eine sehr kleine Münze. Ueber die verschiedenen Werthe des Follis vergl. die Stellen Follis bei Mommsen a. a. O. Register pag 877. Die in der Ueberschrift angezeigten Ausdrücke, welche in den beiden Talmuden[187] und im Midrasch Rabba[188] ohne weitere Auswerthung vorkommen, sind Follera, Follarion, Follis[189], also der eigentliche Werth dieser Münzen unbestimmt gelassen.

BB. מעות של כבנה

Der jerusalemische Talmod[190] erwähnt dieses Geld כעיה של כבנה bei Besprechung über Auslösegeld vom „zweiten Zehnt" und giebt an „רחי לי בעית של כבנה אינא עבדא קימי ר איני אמי ילך, תגיה לים הכלה dass man den Nutzen, der von solchem Gelde gewonnen wird, in das Meer versenken müsse". Der Götzendienst gehört zu den drei Verboten, bei welchen der freiwillige Tod der Uebertretung derselben vorgezogen werden muss (יתיר של עביד). Es wurde daher dies dem Götzendienste geweihte Geld als eine den Juden gefahrbringende Münze bezeichnet. Von solchem Gelde sollte man keinen Genuss haben und konnte daher „zweites Zehnt" nicht damit auslösen, sondern musste den Werth desselben der Vernichtung preisgeben.

CC. מעות הנתונין לאוליר

Das in der Ueberschrift angezeigte Geld war eine sogenannte Geldmarke, welche man statt Badebillet dem Olearius, einem Badediener, der das Bestreichen mit riechenden Oelen nach dem Bade verrichtete, übergab. Solche Geldmarken durften für den Werth, den sie bei dem Badebesitzer חירבבה (θερμός, Wärme) hatten, zum Auslösegeld für „zweites Zehnt" benutzt werden[191].

DD. מעות של דוםנום

Von derselben Art, wie das vorhergehende, war das Geld של דיםניס. Es waren dies auch solche Bademarken, und um sie von den andern üblichen Münzen, welche doch ein Werthzeichen hatten, zu unterscheiden, wurde diesen Marken noch ein Zeichen eingeprägt. Sie erhielten des-

[187] Babylonischer Talmud Sabbath 65, a. Baba mezia 47, b. Jerusalemischer Talmud Pea 15, 4.
[188] pag. 39, b. 54, c. 79, d. 268, b.
[189] Vergl. Ducange a. a. O. unter φόλις, φάλις, φόλις, φόλλις, φόλλιμα. Parchi a. a. O. pag. 62, b. 63, a.
[190] Maaser Scheni 52, 4.
[191] Jerusalemischer Talmud Maaser Scheni 52, 4. Der babylonische Talmud Baba mezia 47, b hat dafür דומריקין מעוה רתיתנת לבק לבית הםרחץ, Geld, welches man als Zeichen im Badehause abgiebt. Aehnliches führt die Tosifta Maaser Scheni 1 an.

halb den Namen Geld mit Doppelzeichen (רכנגים — dusignum). Der Jerusalemische Talmud[300]) spricht über diese Münzen in Betreff ihrer Verwendung zum Auslösegeld für „zweites Zehnt" folgendes aus „מחללין סדרך שוך יחן אצל החורימיר .... וה לי בעית של הכנגים, die Münzen mit Doppelzeichen können als Auslösegeld für einen solchen Werth, wie sie der Badebesitzer annimmt, verwendet werden."

EE. כסף צורי Tyrisches Silbergeld.

Tyrisches Geld wird mehrere Male im Gegensatze zum Provinzialgelde, כסף כדינה, angeführt und als der achtfache Werth desselben angesehen[302]).

FF. לימין, לומה λέπα, Lamina.

Der Talmud[304]) und die Tosiffa[305]) haben die in der Ueberschrift erwähnten Ausdrücke, die dem Zusammenhange nach eine Münze bedeuten. Sie werden wohl von λέπα = lamina, ein dünnes Plättchen, ihren Namen erhalten und für eine kleine Münze gegolten haben[306]).

Noch mögen einige Bemerkungen über die mitunter erwähnten abgerufenen falschen und ungeprägten Münzen hier beigebracht werden. Falsche Münzen werden in der Mischna[307]) angeführt und im Talmud[308]) in zwei Sorten gruppirt, nämlich in solche, die von der Regierung für das ganze Reich abgerufen sind (כלבוח כלבוח), und solche, die in einer Provinz abgerufen, in der andern gangbar sind (כסלו כדינה זו ולאכן כדינה אחרית.) In Bezug auf die letzteren ist der Fall dort besprochen. „Wenn Jemand einem Andern auf eine Münze etwas leiht und die Münze ist abgerufen worden, so kann er ihm diese Münze zurückgeben (יכל לומר לו לך הצא בביסן), da diese Münze in Mesene zu verwerthen ist". Mesene[309]), eine Landschaft am untern Zusammenflusse des Euphrat und Tigris, hatte bedeutenden Handel, und von den dorthin kommenden fremden Kaufleuten wurden alle Münzgattungen für Zahlung angenommen, da sie dieselben in ihren Landestheilen verwerthen konnten.

Aehnliche Geldsorten giebt der Talmud[310]) ferner an: תרומא רב אחא סידר אכסא זאגיתרא אדר שכסלית, כליסח אחר שכסלית כדינה (Aruch's Leseart ist נייקא אגגרא). R. Acha spricht von zwei Sorten abgerufener Denare, die eine ist allgemein von der Regierung, die andere nur von einer Provinz abgerufen". Das Wort אקא oder נייקא von νίκη, Sieg, deutet an, dass hier von erbeuteten Siegesdenaren die

---

[300]) Maaser Scheni 52, 4.
[301]) Vergl. Anmerkung 76, ferner Mischna Bechoroth VIII, 7. Talmud Baba kama 90, b., Aboda Sara 11, a. und Tosiffa Bechoroth 6 wird דינ צורי מנה, Talmud Baba kama 36, b. und Sifra Wajikra 20 wird כסף סלע. Aboth de R. Nathan cap. 17 דינ צורי, Sifri ki Sesa 238. 245 und Tosiffa Kezuboth 12 דינ כסף erwähnt.
[302]) Aboda Sara 34, b.
[303]) Demai 3.
[304]) Die in Ketuboth 67, b. angeführten רינרי סיאנקי (nach einer Leseart des Aruch דינרי) scheinen entweder mit dem persischen Worte زَنگ (היק) = Aethiopier (Vullers lex. pers. lat. etymol. II, 155) zusammenzuhängen und würden äthiopische Denare bedeuten, oder mit dem persischen شِمالى (שיאל), welches Vullers a. a. O. II, 469 nach älteren persischen Lexicographen als eine in Chorasan geschlagene Goldmünze von 17 Drachmen Werth angiebt.
[305]) Baba kama IX, 2 תמקל הפסל.
[306]) Baba kama 97, a.
[307]) Ritter, Die Erdkunde von Asien, zehnter Theil, drittes Buch, Westasien pag. 55.
[308]) Baba mezia 46, b.

Rede ist, welche von der Regierung der ausländischen Prägung und des veränderten Münzfusses wegen abgerufen wurden. Der Ausdruck אניגר entspricht dem Worte Niger und will wohl sagen, dass man darunter Denare versteht, welche von Pescenius Niger, dem Gegenkaiser des Septimus Severus, geprägt wurden. Niger hatte Münzen geprägt, die von den römischen Provinzen des Orients, welche ihn anerkannt hatten, aber nicht von den andern römischen Provinzen, angenommen wurden.

Das in der Mischna[¹¹¹] erwähnte אסימון = Ἄσημον, ohne Gepräge, wird von einem ungeprägten Metallstücke in Münzform gebraucht. Der Talmud[¹¹²] erklärt dieses Wort durch פוליסא und will eben damit andeuten, dass das mit אסימון bezeichnete Metallstück gleich dem Follis ohne Zeichen war. Für Münzen, die wegen abgeriebener Prägung nicht mehr im Verkehr angenommen wurden, braucht der Talmud[¹¹³] den Ausdruck נסכא oder נסכא.

Geschichte der jüdischen Münzen.

Zum Schlusse sollen hier die historisch wichtigsten Momente der sogenannten jüdischen Münzen, welche in den talmudischen Quellen nur andeutungsweise erwähnt sind, folgen[¹¹⁴]. Das Auffinden der jüdischen Münzen hat die Beantwortung einer andern wissenschaftlichen Frage über die Figur der Buchstaben in der mosaischen Urkunde in ein neues Stadium der Untersuchung gebracht. Die Frage ist nämlich, ob jene Urkunde ursprünglich mit den jetzigen, unter dem Namen hebräische Quadratschrift bekannten, oder mit den samaritanischen Schriftzügen geschrieben war. Ein kleiner Theil der noch vorhandenen jüdischen Münzen hat Legenden mit Quadratschrift, der bei weitem grössere Theil derselben hat samaritanischen Schriftcharakter, und je nachdem man diesen oder jenen Münzen den Vorzug der Anciennetät gegeben, wurde diese oder jene Schrift der mosaischen Urkunde zugemessen. Bei den in den talmudischen Quellen angeführten jüdischen Münzen ist nur die Legende, aber weder Schriftform, noch Gewicht oder sonstige Umstände, die zur Kenntniss einer Münze beitragen, näher bezeichnet. Es bleiben daher nur die aus späteren Funden sich ergebenden Resultate für die Betrachtung der jüdischen Münzen übrig. Der Talmud[¹¹⁵] beschreibt:

1) Eine jerusalemische Münze.

Auf der einen Seite: דוד ושלמה (David und Salomon).

Auf der andern Seite: ירושלם עיר הקדש (Jerusalem die heilige Stadt).

[¹¹¹] Maaser Scheni I, 2. Baba mezia IV, 1. Edujoth III, 2. Talmud Berachoth 47, b. Erubin 31, b.

[¹¹²] Baba mezia 47, b.

[¹¹³] Sabbath 129, a. Baba kama 57, a. Bechoroth 51, a. Menaša a. v. נסכא. Der Ausdruck פולסא = סלע־דינבא (פלדינבא) = ασσηγόρετρα, falsche Münze, wird in der Mischna Parah I, 3 bildlich angewendet. מלבונה = αllaγμα, Gepräge, wird im Talmud Berachoth 53, b angeführt.

[¹¹⁴] Vergl. Seite 20. Ausführliches ist zu finden in 1) Bauer, Nachricht von den jüdischen insgemein genannten samaritanischen Münzen. Kopenhagen und Leipzig 1778. 2) Tychsen, die Unächtheit der jüdischen Münzen mit hebräischen und samaritanischen Buchstaben. Rostock und Leipzig 1779. 3) Perez Bayer, de nummis hebraeo-samaritanis. Valentiae Edetanorum 1781. 4) Eckhel a. a. O. pag. 455 ff. 5) de Saulcy, Recherches sur la numismatique judaïque. Paris 1854.

[¹¹⁵] Baba kama 97, b.

2) Eine Münze von Abraham.

Auf der einen Seite: זקן וזקנה (Ein alter Mann und eine alte Frau).
Auf der andern Seite: בחור ובתולה (Ein Jüngling und eine Jungfrau).

Der Midrasch Rabba[19]) beschreibt ausser der eben angeführten Münze Abraham's:

3) Eine Münze von Josua.

Auf der einen Seite: שור (Ein Ochs).
Auf der andern Seite: ראם (Ein Reem).

4) Eine Davidsmünze.

Auf der einen Seite: מקל ותרמיל (Ein Stab und eine Hirtentasche).
Auf der andern Seite: מגדל (Ein Thurm).

5) Eine Münze Mardochai's.

Auf der einen Seite: שק ואפר (Ein Trauergewand und Asche).
Auf der andern Seite: עטרת זהב (Eine goldene Krone).

Ferner führt der Midrasch[20]) 6) eine gangbare Münze Mardochai's an.

Auf der einen Seite: מרדכי (Mardochai).
Auf der andern Seite: אסתר (Esther).

Der palästinensische Talmud[21]) lässt Abigail an David die Antwort geben „סיטרא רמכן, קיים שיין „die Münze Saul's ist noch gangbar", d. h. die Herrschaft des Königs Saul besteht noch.

Hierzu bemerken Raschi und Tosafoth zu Baba kama 97, b., dass die eben genannten Namen, aber nicht die Bildnisse der Personen auf den Münzen geprägt waren, da solche bei den Juden verboten sind.

Ueber Münzen mit samaritanischem Schriftcharakter findet man von keinem Schriftsteller vor dem dreizehnten Jahrhundert irgend eine specielle Nachricht. Der erste Bericht ist von dem im dreizehnten Jahrhundert lebenden Mose ben Nachman (Ramban) am Schlusse seines Pentateuch-Commentars. Dort beschreibt er einen von ihm in Acco gesehenen, mit samaritanischer Schrift geprägten Silberschekel und einen solchen Halbschekel:

Auf der einen Seite: Ein Aronsstab mit Umschrift: שקל השקלים (Schekel der Schekel).
Auf der andern Seite: Ein Mannakrug mit Umschrift: ירושלם הקדושה (Das heilige Jerusalem).

Gewicht עשרה גרה = ¼ Unze.

Die erste Abbildung eines solchen Schekels giebt Wilhelm Postell im Jahre 1538[22]).

Die erste Nachricht von Münzen ausser den Schekeln mit samaritanischer Schrift findet sich bei R. Mose Alaschkar (im Anfange des XVI. Saeculi) in seinen Rechtsgutachten[23]). Dort wird als Emblem des Schekels ein Lulaw (Palmzweig) und Ethrog (Paradiesapfel) angegeben,

---

[19]) pag. 43, b.
[20]) Esther Rabba 129, d.
[21]) Synhedria 21, 2.
[22]) Alphabetum XII linguarum. Paris 1538.
[23]) שו"ת Sabioneta 1554. Gutachten 74.

ferner spricht er von darauf geprägten Jahreszahlen שנה בך ובך oder שנה בך ובך לחרבית צין סליני לבך לבך חנש. Auch führt er bilingue Münzen an, auf deren einer Seite samaritanische Schrift, auf der andern griechische Schrift sich befindet, und glaubt Akaschkar, dass die letzteren Münzen in der Zeit, wo die Juden unter griechischer Herrschaft standen, geprägt wurden[70]).

Eine andere Abbildung eines selbstgesehenen Silberschekels liefert Azariah dei Rossi[72]):
Auf der einen Seite: Eine Vase mit darüberstehenden zwei Buchstaben שד und Umschrift: שקל ישראל (Schekel Israels).
Auf der andern Seite: Ein Stab mit drei blühenden Aesten und Umschrift: ירושלם הקדושה (Das heilige Jerusalem).

Das שד liest dei Rossi für שקל דוד (Schekel David's), von späteren Numismatikern wurde es auf ähnlichen Münzen für ש ר שנת (viertes Jahr) angesehen, da man Münzen mit שנ, שב, שא gefunden, die man in gleicher Weise für א שנת, שנת ב, שנת ג, שנת (erstes, zweites, drittes Jahr) gelesen.

Die erste Sammlung mit Abbildungen jüdischer Münzen lieferte Villalpandus[73]), und da er den Namen Samuel auf einer Münze gelesen, so giebt er den Münzen mit samaritanischer Schrift ein hohes Alter.

Kircher 1653 war der erste, der den Namen Simon auf einer Münze gelesen[74]), und Hottinger 1659[75]), der auf zwei Münzen mit samaritanischer Schrift den Namen Simon gelesen, schloss, dass diese Münzen in der Maccabäerzeit geprägt wurden.

Der erste numus incusus, nämlich ein samaritischer Stempel auf einem römischen Gepräge, und zwar auf einer Münze von Trajan, wird im Jahre 1713 von Henrion[76]) angeführt, und schreibt er alle Münzen mit dem Namen Simon nicht dem Maccabäer Simon, sondern dem Pseudomessias Simon Bar-Cochba (Ben-Cosiba) zu. Seine dafür vorgebrachten Beweise wurden von dem gelehrten Orientalisten Pinart widerlegt.

Fröhlich[77]) gab im Jahre 1774 eine vollständige Sammlung aller jüdischen Münzen.

Tychsen in seinem oben angeführten Werkchen hält alle jüdischen Münzen mit samaritischer Schrift für falsch.

Barthélemy[78]) hat auf Münzen den Namen Jonathan (Maccabäus, 161—143 vor der üblichen Zeitrechnung), auf Münzen mit bilinguer Umschrift den hebräischen Namen Jonathan, den griechischen Namen Alexander gelesen.

Perez Bayer in seinem obengenannten Werke widerlegt Tychsen, ordnet alle bis zu seiner Zeit bekannten jüdischen Münzen, und setzt, trotz der von Barthélemy bekannt gemachten Mün-

---

[70]) Reland, de nummis veter. hebr. 1709. führt auch zweisprachige Münzen an.

[72]) Meor Enajim Mantua 1574, cap. 56, pag. 171 f.

[73]) Apparatus urbis ac templi Jerosolymitanae. Romae. fol. 1604. Die zweite der in Palästina gesammelten, von Reichardt in der Zeitschrift der deutschen morgenländischen Ges. 11. Band, pag. 153 mitgetheilten, als inedirt angegebenen Silbermünzen stimmt mit der von Azariah dei Rossi hier angeführten Münze vollkommen überein.

[74]) Oedipus aegyptiacus. Romae 1653. fol.

[75]) Cippi hebraici. Dissertatio III. de annis orientalium. Editio secunda. Heidelbergae 1662.

[76]) Histoire de l'Académie des inscriptions Tom. II.

[77]) Annales regum et rerum syriae nummis illustrati. Viennae 1774. fol.

[78]) Dissertation sur deux médailles samaritaines d'Antigonus. Mémoire de l'Académie Royale des inscriptions et belles lettres. Tome XXIV.

sen, den Anfang dieser Münzprägung um das Jahr 139 vor der üblichen Zeitrechnung, in welchem Jahre dem Hohenpriester Simon, Bruder des Juda Maccabäus, von Antiochus VII. die Erlaubniss, Münzen zu prägen, ertheilt wurde (1. Maccab. 15, 6). Die Zahlen 1, 2, 3, 4 auf den Münzen werden auf das erste, zweite, dritte und vierte Jahr dieses Münzrechts bezogen.

Das neueste oben genannte grössere Werk von de Saulcy classificirt die jüdischen Münzen in Gruppen, von denen die älteste unter die Regierung Alexander's des Grossen nach der Besiegung der Perser, wo er den Juden durch ihren Hohenpriester Jaddua gewisse Freiheiten gewährte, gesetzt wird (330 vor der üblichen Zeitrechnung). Das Emblem dieser Silberschekel ist:

Auf der einen Seite: Ein blühender Aronsstab mit der Umschrift: ירושלם קרשה (Das heilige Jerusalem).

Auf der andern Seite: Eine Vase ohne Henkel, darüber א (erstes Jahr) und Umschrift: שקל ישראל (Schekel Israel's).

Gewicht 14,2 Gramm.

Die Halbschekel haben dieselben Embleme mit der Umschrift: חצי השקל (Halber Schekel). Ebensolche Schekel und Halbschekel aus dem zweiten Jahre haben: ירושלים הקדשה (Das heilige Jerusalem) und שב für ב שנת (zweites Jahr) über der Vase. Gewicht 7,1 Gramm.

Schekel aus dem dritten Jahre haben: שג für ג שנת (drittes Jahr). Gewicht 14,65 Gramm.

Halbe und Viertelschekel aus dem vierten Jahre sind aus Kupfer und haben als Emblem:

Auf der einen Seite: Eine Palme zwischen zwei Körbchen, andere haben einen Ethrog, noch andere eine Vase, Umschrift: לגאלת ציון (Zur Erlösung Zions).

Auf der andern Seite: Einen Ethrog zwischen zwei Lulaw, Umschrift: שנת ארבע חצי (Viertes Jahr halber [Schekel]), grösstes Gewicht 16,3 Gramm; oder zwei Lulaw, Umschrift: שנת ארבע רבע (Viertes Jahr viertel [Schekel]), grösstes Gew. 9,2 Gr.

Die zweite Gruppe sind Hasmonäermünzen. Die Legenden sind nicht ganz vollständig, sind aber durch mehrere Exemplare ergänzt.

1) Kupfermünzen von Judas Maccabäus (164—161 vor der üblichen Zeitrechnung).

Auf der einen Seite: In einer Olivenkrone die Legende יהודה הכהן הגדל וחבר היהדים (Jehuda der Hohepriester und Freund (?) der Juden).

Auf der andern Seite: Eine Granate zwischen zwei Füllhörnern.

2) Kupfermünzen von Jonathan (161—148 vor der üblichen Zeitrechnung).

Mit demselben Emblem und derselben Legende, nur statt יהדה (Jehuda) steht ינת oder ינתן (Jonathan).

Bilingue Kupfermünzen.

Auf der einen Seite: Eine Blume, Umschrift: יהנתן הבך (Jonathan der König).

Auf der andern Seite: Ein Anker in einem Kranze, Umschrift: Ἀλεξάνδρου βασιλέως.

Die letzteren schreibt de Saulcy Alexander Jannai zu, der bei den Juden Jonathan genannt wurde (?).

3) Kupfermünzen von Johann Hyrcan (135—106 vor der üblichen Zeitrechnung).

Fast dieselben Embleme wie die von Judas und Jonathan, auch dieselbe Legende, nur der Name ein anderer, hier steht יהוחנן, auf anderen יהוכנן (?) (Jochanan).

Münzen mit nur griechischer Inschrift, die theils von den Hasmonäern, theils von den Procuratoren Judäa's geprägt worden, übergehen wir hier[99]).

4) Bilingue Kupfermünzen von Antigonus (40—37 vor der üblichen Zeitrechnung). Dieselben Embleme wie die vorhergehende.

Auf der einen Seite: Die Legende כּהן הגדל חבר יהד‎ (Malbatian der Hohepriester).

Auf der andern Seite: Ἀντιγόνου βασιλέως.

Höchstes Gewicht 14,2 Gramm.

Die dritte Gruppe gehört dem Simon Bar-Cochba (Ben-Cosiba) (132—135 nach d. übl. Zeitr.) an.

1) Silbermünzen aus dem ersten Jahre.

Auf der einen Seite: Tempel, Umschrift: ירושׁלם (Jerusalem).

Auf der andern Seite: Lulaw und Ethrog, Umschrift: שׁנת אחת לגאלת ישׂראל (Erstes Jahr der Erlösung Israel's).

Gewicht 13,50 Gramm.

2) Silbermünzen mit denselben Emblemen wie die vorigen, aber mit folgenden Legenden:

Um den Tempel befindet sich der Name שׁמעון (Simon).

Um den Lulaw und Ethrog לחרת ירושׁלם (Zur Befreiung Israel's).

Gewicht 13,75 Gramm.

3) Silberne trajanische und vespasianische Denare,

auf welchen die Legende der vorhergehenden Münzen, und als Emblem zwei Trompeten und eine Lyra oder eine Weintraube und eine Lyra geprägt sind.

4) Kupfermünzen aus dem ersten Jahre.

Auf der einen Seite: Ein Kranz, innerhalb שׁמעון נשׂיא ישׂראל (Simon, Fürst Israels).

Auf der andern Seite: Vase mit Henkel, Umschrift: שׁנת אחת לגאלת ישׂראל (Erstes Jahr der Erlösung Israels).

Gewicht 33,4 Gramm.

Noch andere solche Münzen mit derselben Legende, aber anderen Emblemen.

5) Silbermünzen aus dem zweiten Jahre.

Auf der einen Seite: Tempel und Umschrift: שׁמעון נשׂיא ישׂראל (Simon, Fürst Israels).

Auf der andern Seite: Lulaw und Ethrog. Umschrift: שׁב לחר ··· (לחרת ישׂראל) (Zweites Jahr der Freiheit Israels).

Gewicht 13,85 Gramm[99a]).

[99]) Näheres hierüber de Sauley a. a. O. pag. 100 ff., 177 ff.

[99a]) Ewald im Göttinger Gelehrtenanzeiger 1855, No. 8, S. 116 ff. stellt auf, dass die Münzen, mit der Inschrift לחרת ישׂראל ohne Simon, der Revolutionszeit vor der zweiten Tempelzerstörung (66—70 nach der üblichen Zeitrechnung) angehören.

Berichtigungen. Seite 12, Reihe 4 v. u., S. Wort lies: ‪חברה‬. — S. 13, Anm. 69, Schü Baba Kama VI., b. — S. 16, R. 6 u. M v. u. statt Golddenaren lies Golddarchen. — S. 19, Z. 5 v. u. statt ‪ירות‬ lies ‪חרות‬.

Verzeichniss der talmudischen Gewichte und Münzen.

I. Vergleichungs-Tabelle

der talmudischen Gewichte mit ihrem Werthe nach metrischem Systeme und Preussischem Neugewichte.

ככר Talent.	כנה Mine.	סלע Schekel.	גרה (בשה) Gera. (Maah).	Gramm.	Preussisches Neugewicht.
1	60	1500	36000	21510	43 Pfd. — Lth. 6 Qu. — Cent — Korn.
	1	25	600	358,6	— „ 21 „ 5 „ 1 „ — „
		1	24	14,34	— „ — „ 8 „ 6 „ 0,4 „
			1	0,5975	— „ — „ — „ 3 „ 5,85 „
				1	— „ — „ — „ 6 „ — „

Das Seminar hat nun seinen ersten siebenjährigen Cyclus beendigt, den in dem bei Eröffnung des Seminars veröffentlichten Programm festgesetzten Zeitraum, in welchem befähigte mit den zur Aufnahme nöthigen theologischen und klassischen Vorkenntnissen ausgerüstete Jünglinge ihre Studien vollenden und die wissenschaftlich-theologische Reife zum Rabbiner erlangen sollen. Mit Vertrauen auf Gott wurde begonnen; der Höchste hat dieses Vertrauen in reichem Maße belohnt. War auch der Organisationsplan entworfen, wer konnte für dessen Ausführung einstehen, wer vermochte zu sagen, ob die Wirklichkeit nicht Manches anders gestalten, der Uebergang von Gedanke zur That, von Entwurf zur Realisirung nicht auf das Werk alterirende Hindernisse stossen werde? Aber es wurde in Gott unternommen, und mit freudigem demuthvollem Dank darf ausgesprochen werden, es wurde durch Gott vollendet, das Seminar ist zu einem in sich gegliederten Ganzen gediehen. Nach dem ursprünglichen Plane beabsichtigte die ins Leben tretende Anstalt eine gegenseitige Durchdringung des theologischen Studiums und der Wissenschaft, die jüdische Theologie soll ohne Einbuße an ihrem Umfange und ihrem scharfen dialektischen Gange zur wissenschaftlichen Disciplin erhoben werden; dieses Streben wurde unaufhaltsam verfolgt und das Ziel zeigt sich nun als erreichbar.

Am Ende des Studiencyclus angelangt, erscheint die Darlegung, wie dem, was das erste Programm verhiess, entsprochen wurde, als unabweisbare Pflicht. Es wurde der biblischen Exegese viele Sorgfalt gewidmet; mehrere Theile des Pentateuchs wurden zu wiederholtenmalen mit den Targumim, den älteren Commentatoren (Raschi, Ibn Esra, Ramban u. A.) durchgegangen, ebenso Propheten und Hagiographen, verbunden mit dem Studium der hebräischen Grammatik und der Lectüre neuhebräischer Poesien. — Dem Talmudstudium wurde als Grundlage und Inhalt der jüdischen Theologie sein volles Recht und die Berechtigung, in dem ihm eigenen Geiste erforscht und aufgefasst zu werden, eingeräumt. Es wurden statarisch vorgetragen: die Tractate Baba Mezia, Gittin, Ketubot, Chullin. Hier war massgebend das Studium der Tossfot (mit ihren Erklärern), Raschba zu den resp. Tractaten, Rosch, Ran, Schitta Mekubezet, ferner genaues Eingehen auf Alfasi und

6

Rambam sowohl in seinem Commentar zur Mischne als in seinem grossen Werke Jad Hachamka. — Cursorisch wurden genommen die Tractate Berachot, Schabbat, Pesachim, Succa, Megilla. — Verbunden wurde hiermit Jore Dea c 1 bis c. III. Eben Haëser c. 119 bis c. 154. — Auch die nachtalmudische Literatur wurde in den Kreis dieser Studien gezogen: es wurde gelesen aber die reichhaltige Literatur der Responsen mit Eingehung auf die Quellen.

Der wissenschaftlichen Forschung Rechnung tragend wurden gelesen: Einleitung in die Mischne. Einleitung in die Midraschim. Mosaisch-talmudisches Criminal- und Civilrecht mit besonderer Hervorhebung des Eherechts. Religionsphilosophie mit Zugrundelegung des Buches Kusari. Jüdische Geschichte.

Der Beruf des Rabbiners schliesst als integrirenden Theil die Volksbelehrung, die Predigt, in sich. Es wurde daher gelesen Homiletik, und wurden hiermit homiletische Uebungen verbunden. Die reiferen Hörer predigten an den Sabbaten in der Seminar-Synagoge.

Der Rabbiner soll zu seiner Durchbildung die Universitätsstudien zurückgelegt haben, und ist daher der Besuch der Universität mit dem Besuche des Seminars verbunden. Die den einstigen Rabbiner zum Besuche der Universität befähigenden klassischen und realistischen Studien wurden am Seminar gelehrt.

Das Seminar siehet nun auch den Lohn seiner Bestrebungen. Mehrere Hörer, von denen zwei schon zur Zeit von Gemeinden zu Rabbinern und Predigern vocirt sind, werden in der ersten Hälfte des kommenden Jahres das Seminar mit dem Zeugniss der rabbinischen Reife verlassen.

Das Seminar hat sich noch eine andere Aufgabe gesetzt: Lehrer zur Ertheilung des Religionsunterrichts an die Jugend heranzubilden. Die Rücksicht auf kleinere, oft nur auf eine geringe Anzahl von Familien sich beschränkende Gemeinden liess es als Pflicht erscheinen, dem sich dem Lehrfache Widmenden Gelegenheit zur Aneignung eines bedeutenden Masses der Religionskenntnisse zu bieten, das ihn befähige, das Wort Gottes, wenn auch nicht in ausgeprägter Rede, an Ruhe- und Feiertagen zu verkündigen. Gegenstände der Belehrung bildeten: Religionslehre, Pentateuch mit den ältern Commentatoren, Historische Propheten und Psalmen, hebräische Grammatik, Verständniss hebräisch-ethischer Schriften, biblische und jüdische Geschichte, Katechisation bezüglich des Religionsunterrichts.

Die Abtheilung für Lehrer wurde im Jahre 1858 eröffnet. Es sind nun mehrere Zöglinge dieser Abtheilung zu Lehrern herangebildet worden und haben Anstellungen in Gemeinden gefunden.

Ueber das nun zu Ende gehende Jahr ist zu berichten:

An dem Seminar wirken ausser dem Unterzeichneten die Lehrer DDr. J. Bernays, H. Graetz, M. Joël, B. Zuckermann.

Rabbinerseminar.

Dasselbe zählt zwei Abtheilungen. In der obern Abtheilung las:

Der Unterzeichnete: Genesis c. 1—18 mit den älteren Commentatoren. — Talmud statarisch: Tractat Chullin von fol. 78 bis Ende des Tractats. — Talmud cursorisch: Tractat Schabbat von fol. 93 bis fol. 140. — Rituelle Lehre: Jore Dea von c. 50 bis c. 111. — Literatur der nachtalmudischen Responsen. — Durch schriftliche Ausarbeitung tiefer liegender Themata ward den Hörern Gelegenheit geboten zu principieller Auffassung und klarer Darstellungweise.

Dr. Graetz: Bibelexegese: Hiob von c. 10 bis Ende; Jesaias bis c. 10: dazu Einleitung in die alttestamentliche Literatur und biblische Literaturgeschichte bis zur jesaianischen Zeit. — Jüdische Geschichte, verbunden mit Literaturgeschichte: vom Zeitalter der Emoräer bis zum Zeitalter des Samuel Nagid und des Ibn-G'birol (erster Coetus); von den Anfängen der israelitischen Geschichte bis zum babylonischen Exil (zweiter Coetus).

Dr. Bernays: Griechisch: Reden aus Thukydides (für die gereifteren Hörer); Homer, Ilias Buch 24, Odyssee Buch 13, 14; Platon, Euthydemos und Gorgias; Demosthenes, philippische Reden. — Latein: Virgil, Georgica Buch 4; ausgewählte Episteln des Horaz; Sallust, Catilina; Cicero, Verrinen Buch 4. — Den lateinischen Stylübungen wurden Stücke aus Neulateinern zu Grunde gelegt. — Für den Vortrag der griechischen Geschichte diente Weber's Handbuch als Leitfaden. — Deutsche Stylübungen wurden angestellt und damit Lectüre aus Lessing und Schiller verbunden.

Dr. Joel: Homiletik und homiletische Uebungen.

Dr. Zuckermann: Ueber jüdische Chronologie und jüdischen Kalender. — Geometrie: Trigonometrie und Stereometrie. Arithmetik: Lehre von den Reihen und Zinseszinsrechnung. Physik: Lehre von den tropfbarflüssigen und luftförmigen Körpern.

In der zweiten Abtheilung las:

Dr. Graetz: Bibelexegese: Pentateuch von Numeri cap. 15 bis Deuteronomium Ende; erste Propheten, Richter, erstes und zweites Buch Samuel. — Hebräische Grammatik: Die Conjugation der schwachen Stämme und der Gemeinata, mit wöchentlichen Exercitien. — Talmud: Tractat Baba Mezia von cap. 7 bis Ende; Tractat Pesachim von Anfang bis p. 23; cursorisch Tractat Taanit von p. 15 bis Ende und Tractat Berachot von Anfang bis p. 15.

Dr. Joel: Latein: Cic. de orat. II. Virgilii Aeneis 9. 10. 11. Lateinische Exercitien und Extemporalien. Griechisch: Homeri Odyssea 13. 14. 15. Platonis Menexenos, Crito. Griechische Grammatik: Syntax. Deutsch: Lectüre aus Schiller. Abriss der Rhetorik und Poetik. Deutsche Aufsätze. Geschichte und Geographie: Geschichte der neuern Zeit und Repetition der alten Geschichte.

Dr. Zuckermann: Geometrie: Flächeninhalt, Verwandlung, Theilung, Ausmessung und Aehnlichkeit geradliniger Figuren. — Trigonometrie. — Arithmetik: Wiederholung der Lehre von den Potenz- und Wurzelgrössen und Lösung der Gleichungen ersten Grades. — Physik: Statik und Mechanik.

Das Rabbinerseminar zählt achtundvierzig Hörer, und zwar sechsundzwanzig Preussen, dreizehn Oesterreicher, drei Hannoveraner, einen Darmstädter, einen Lippe-Detmolder, einen Schweden, einen Dänen, zwei Niederländer. Von diesen Hörern haben zehn die philosophische Doctorwürde erlangt, siebzehn besuchen die Universität.

Lehrerseminar.

Dr. Graetz: Pentateuch, Psalmen, Hebräische Grammatik, combinirt mit der zweiten Abtheilung des Rabbinerseminars. Biblische und jüdische Geschichte: von Abraham bis zur Zerstörung des zweiten Tempels durch die Römer.

Dr. Joel: Systematische Religionslehre. Raschicommentar zum Pentateuch. Ausgewählte Stücke aus Maimonul's Jad Hachasaka.

Das Lehrerseminar zählt sechs Hörer, welche Preussen sind.

Cantor Deutsch leitet den Gesangunterricht im Rabbiner- und Lehrerseminar.

Den Lehmann'schen Preis für die, über ein gegebenes wissenschaftliches Thema gelieferte beste Arbeit errang Herr Dr. philos. D. Michaelis aus Chodzieseu, welcher auch am Tage der Gedächtnisfeier seine Preisschrift vorlas.

Dieses Jahr wurde als Preisaufgabe gestellt:

Die Familie in moralischer und rechtlicher Beziehung nach mosaisch-talmudischer Lehre.

Der Name desjenigen, der den Preis errungen, wird im Berichte des künftigen Jahres mitgetheilt werden.

Das Seminar beging am 27. Januar die statutenmässige Gedächtnisfeier des Stifters der Anstalt, des Königlichen Commerzienraths Jonas Fränckel.

Am 16. Februar beging das Seminar die Trauerfeier um des Hochseligen Königs Majestät. Nach einem Recitativ (Ps. 16) sprach Dr. Joel, anknüpfend an die Worte Kohelet's 1, 4. 5. und hob hervor, dass die politische Betrachtungsweise eines Ereignisses wie der Tod eines mächtigen Monarchen einseitig bleibt, wenn sie nicht durch die religiöse Betrachtungsweise ergänzt wird. Nur die letztere zeigt uns den König als providentielle Erscheinung, gibt uns daher erst zu ihm das richtige Verhalten und bei seinem Verluste den einzig wahren und rechten Trost. Der Gebethymnus für das Heil des Königs und Seines Hauses beschloss die Feier.

Am 22. März beging das Seminar die Geburtsfeier Sr. Majestät des Königs Wilhelm I. Nach Absingung von Ps. 21 und 72 sprach Dr. Joel mit Zugrundelegung des Schriftwortes: „Das Loos ist mir aufs Liebliche gefallen, auch ist mein Erbe schön in meinen Augen" zunächst von der Anwendbarkeit der Worte: „Das Loos ist mir aufs Liebliche gefallen," auf das Preussische Volk, dem die Vorsehung einen König wie Wilhelm I. gegeben, dann von der dem Volke obliegenden Verpflichtung, durch sein Verhalten darzuthun, dass es auch die Zumuthung, die in dem zweiten Theile des Textwortes liegt: „Auch ist mein Erbe schön in meinen Augen," die Zumuthung der dankbaren Anerkennung nämlich, verstehe und beherzige. Der Gebethymnus für den König machte den Schluss der Feier.

Am 18. October beging das Seminar die Krönungsfeier des Königs. Nach Absingung von Ps. 21 und 72 bestieg Dr. Joel die Kanzel und sprach anknüpfend an die Worte des Wochenabschnittes und die midraschische Auslegung desselben: „Und es war nach diesen Begebenheiten, da versuchte Gott den Abraham, da erhob Gott den Abraham," wie auch in der preussischen Geschichte Versuchung und Erhöbung auf einander folgten, und wie wir nur dem in der Wahl des 18. Octobers zum Krönungstage liegenden Fingerzeige des Königs folgten, wenn wir die heutige Zeit und unsere heutigen Pflichten als Staatsbürger im Lichte jener glorreichen Zeit betrachten, da des Königs Tugend und des Volkes Liebe gemeinschaftlich das Vaterland erhoben und zu Ehren brachten. Der Gebethymnus für das Heil des Königs beschloss die Feier.

Die Anstalt fühlt sich gedrungen, ihren Dank für mehrere ihr in diesem Cyclus gewordene schätzbare Beweise des Wohlwollens und der ehrenden Theilnahme wiederholt auszusprechen. Dieses Wohlwollen gab sich zumeist in Gründung bedeutender Stipendien kund.

Herr Director J. Lehmann in Glogau übergab im Jahre 1851 dem Curatorium 600 Thlr. mit dem Wunsche: „Von den Renten dieses Capitals soll alljährlich ein Stipendium an einen der obern Abtheilung angehörenden Seminaristen ertheilt werden, jedoch in der Weise, dass derjenige es erhalte, der über ein vom Director gegebenes wissenschaftliches Thema die nach dem Ausspruche des Lehrercollegiums beste Arbeit geliefert hat. Dieses Stipendium soll an dem jedesmaligen Todestage des Stifters vertheilt werden und soll der mit dem Stipendium belohnte Hörer seine Ausarbeitung an der Gedächtnissfeier vortragen."

Herr B. Poppelauer von hier bestimmte im Jahre 1857 die Zinsen von 1000 Thlr. zu einem Stipendium für Seminaristen.

Herr L. Jaffe in Posen fundirte in demselben Jahre 1000 Thlr., deren jährliche Zinsen einem Seminaristen als Stipendium ertheilt werden.

Die Herren Vertreter der israel. Culturgemeinde zu Wien bestimmten im Jahre 1859 ein mehrjähriges Stipendium von je 100 Fl. für mittellose Seminaristen.

Ein nicht genannt sein wollender Gönner des Seminars errichtete in demselben Jahre ein Stipendium aus den Zinsen von 500 Thlr.

Der im Jahre 1860 verstorbene Herr M. Biram von hier hinterliess dem Seminar 500 Thlr. zur Begründung eines Stipendiums.

In diesem Jahre wurde von Gönnern des Seminars die Bibliothek bedeutend vermehrt, auch wurden neue Stipendien gegründet.

Durch den im Juli d. J. erfolgten Tod des Herrn Dr. B. Beer in Dresden erlitten Judenthum und dessen Wissenschaft einen tiefen Verlust. Aber „das Andenken des Gerechten verbleibt zum Segen": die von ihm hinterlassene reichhaltige, die seltensten Werke jüdischer Autoren umfassende Bibliothek soll ferner der Förderung der jüdischen Wissenschaft gewidmet bleiben. Seine in dem Geiste ihres sel. Gatten fromm wirkende Wittwe Frau Dr. Bertha Beer übergibt diese Bibliothek dem Seminar mit der Bestimmung, dass sie als „Dr. Beer'sche Bibliothek" am Seminar aufbewahrt bleibe.

Stipendien begründeten in diesem Jahre:

Frau Clara verw. M. Bondi in Dresden übergab dem Seminar 300 Thlr., deren Zinsen zu einem Stipendium bestimmt sind.

Zu demselben Zwecke übergab Herr M. Sochaczewski von hier dem Seminar 100 Thlr. Die Herren Vertreter der israelitischen Culturgemeinde zu Wien haben das jährliche Stipendium von 100 Fl. auf 200 Fl. vermehrt.

Der Seminarbibliothek übergaben ferner: Herr Professor S. D. Luzzato zu Padua den von ihm ins Italienische übersetzten Pentateuch unter dem Titel: Il Pentateuco volgarizzato ad Uso degl' Israeliti. 3 Volum. — Herr Prediger Dr. A. Jellinek in Wien mehrere von ihm verfasste Schriften, als: Philosophie und Kabbala, Marsilius ab Inghen u. a. — Herr S. J. Mulder in Amsterdam: Hebreeuwsch-Nederduitsch Handwoordenboek. — Frau Wittwe D. Sklower von hier: Schun Lucholh Habrit, Psalmen, Tikkun Schelomo, sämmtlich mit Randbemerkungen von R. Jesaia Pick. — Herr Dr. Harriwitz in Berlin: Munk, Geschichte der röm. Literatur, 3. Band. — Herr Bankier B. Frank von hier eine Bibel. — Herr Dr. J. Heckscher aus Copenhagen: Dänische Sprachlehre von J. Heckscher.

Herr Bankier J. Prinz von hier bedachte die Anstalt, wie jedes Jahr, mit einem bedeutenden Geschenke. — Herr Dr. med. J. Lobethal von hier lässt dem Seminar, wie seit dessen Eröffnung, einen bedeutenden monatlichen Beitrag für mittellose Studirende zukommen. — Durch freundliche Beiträge zu diesem Zweck bezeugten ferner ihre Theilnahme die Herren S. K. Frankel in Prag (seit Eröffnung des Seminars), Herr S. Zuckermann von hier, Herr G. A. Itzig aus Nakel, ein Ungenannter aus Graudens.

Die israelitische Gemeinde zu Prag ertheilt ein jährliches Stipendium von 150 Fl. an einen das Seminar besuchenden Prager. — Auf Anregung des Herrn Landrabbiners Dr. S. Meyer zu Hannover bewilligen seit einigen Jahren mehrere trefflich gesinnte Männer daselbst einem das Seminar besuchenden Hannoveraner ein bedeutendes Stipendium. — Die Gesellschaft zur Unterstützung jüdischer dänischer Theologen zu Copenhagen ertheilt einem das Seminar besuchenden Dänen ein jährliches Stipendium von 240 Thlr. — Die israelitische Gemeinde zu Buja ertheilt in Verbindung mit einem Vereine daselbst einem aus ihrer Mitte das Seminar Besuchenden ein Stipendium von 500 Fl. jährlich. — Die Familie Samuel F. Goldberger und Söhne in Pesth hat für einen das Seminar Besuchenden ein jährliches Stipendium von 280 Thlr. bestimmt.

Der Seminar-Synagoge wurden werthvolle Weihgeschenke übergeben von den hiesigen Herren Bankier J. Prinz, L. Milch, A. J. Mugdan, W. Elkischer.

Breslau, im December 1861.

Dr. Z. Frankel,
Director.

גרה von..um	רדים Heróorn.	איסר As.	טייפיסא Trends-sia.	דרכן Zrrois Neastel.	סמך Ashtel.	פרוטה Perota.	Preussisches Courant.
'00	1800	2400	3200	3600	7200	14400	21 Thlr. 20 Sgr. — Pf.
88	432	576	768	864	1728	3456	5 „ 6 „ — „
48	72	96	128	144	288	576	— „ 26 „ — „
48	72	96	128	144	288	576	— „ 26 „ — „
30	54	72	90	108	216	432	— „ 19 „ 6 „
24	36	48	64	72	144	288	— „ 13 „ — „
12	18	24	32	36	72	144	— „ 6 „ 6 „
6	9	12	16	18	36	72	— „ 3 „ 3 „
6	9	12	16	18	36	72	— „ 3 „ 3 „
3	4½	6	8	9	18	36	— „ 1 „ 7½ „
2	3	4	5¼	6	12	24	— „ 1 „ 1 „
2	3	4	5¼	6	12	24	— „ 1 „ 1 „
2	3	4	5¼	6	12	24	— „ 1 „ 1 „
2	3	4	5¼	6	12	24	— „ 1 „ 1 „
1½	2¼	3	4	4½	9	18	— „ — „ 9⅚ „
1	1½	2	2⅔	3	6	12	— „ — „ 6½ „
	1	1⅓	1⅞	2	4	8	— „ — „ 4½ „
		1	1⅓	1½	3	6	— „ — „ 3½ „
			1	1⅕	2¼	4½	— „ — „ 2 7/16 „
				1	2	4	— „ — „ 2⅙ „
					1	2	— „ — „ 1 1/16 „
						1	— „ — „ ⅝ „

www.ingramcontent.com/pod-product-compliance
Lightning Source LLC
Chambersburg PA
CBHW021438090426
42739CB00009B/1535